Classificação Constitucional de Tributos

PELA PERSPECTIVA DA JUSTIÇA

1376

F383c Ferreira Neto, Arthur M.
　　　　Classificação constitucional de tributos: pela perspectiva da justiça / Arthur M. Ferreira Neto. – Porto Alegre: Livraria do Advogado Ed., 2006.
　　　　141 p.; 21 cm

　　　　ISBN 85-7348-427-6

　　　　1. Direito Tributário. 2. Tributo. I. Título.

　　　　　　　　　　　　　CDU - 336.2

　　　Índices para o catálogo sistemático:
　　　Direito Tributário
　　　Tributo

(Bibliotecária responsável: Marta Roberto, CRB-10/652)

Arthur M. Ferreira Neto

Classificação Constitucional de Tributos
PELA PERSPECTIVA DA JUSTIÇA

livraria
DO ADVOGADO
editora

Porto Alegre, 2006

© Arthur M. Ferreira Neto, 2006

Capa, projeto gráfico e diagramaçãp de
Livraria do Advogado Editora

Revisão
Rosane Marques Borba

Direitos desta edição reservados por
Livraria do Advogado Editora Ltda.
Rua Riachuelo, 1338
90010-273 Porto Alegre RS
Fone/fax: 0800-51-7522
editora@livrariadoadvogado.com.br
www.doadvogado.com.br

Impresso no Brasil / Printed in Brazil

Dedico este livro a Leandro Paulsen,
o marco-zero do meu aprendizado
em Direito Tributário.

"If we take for the matter of both kinds of justice the principal actions themselves whereby we make use of persons, things, and works, there is then a difference of matter between them. For distributive justice directs ditributions, while comutative justice directs exchanges that can take place between two persons."

Tomás de Aquino

Prefácio

A classificação dos tributos é daqueles temas centrais do Direito Tributário. Há muitos anos, principalmente na Escola Superior da Magistratura Federal, tenho ocupado as aulas iniciais na demonstração da precariedade da compreensão existente quando do advento do CTN, da sistemática introduzida por este, centrada na teoria do fato gerador, da sua insuficiência já anteriormente ao advento da Constituição de 1988 e mais evidente após a instauração da nova ordem, bem como da necessidade de se evoluir para uma visão mais ampla do fenômeno tributário. É preciso superar o elogio do fato gerador como se tivesse algo de muito especial e de peculiar ao Direito Tributário, como Becker já procurava desmistificar, bem como identificar os equívocos a que os operadores do Direito foram levados, mesmo após a Constituição de 1988, por terem sido formados à luz daquele paradigma. Mesmo quando se passou a chamar a atenção para a importância de se considerar a finalidade como critério de validação constitucional de determinadas espécies tributárias, ainda assim estávamos presos à tradição anterior. Daí os equívocos de identificar fato gerador próprio para as contribuições como se a sua finalidade a isso pudesse levar. Daí também a idéia inicial de que a finalidade seria distintiva das contribuições quando, em verdade, pode ser vislumbrada claramente em cada espécie tributária, ressalvando-se apenas a vedação constitucional de prévia afetação do produto dos impostos a órgão, fundo ou despesa (167, IV). A finalidade dos tributos e sua relevância não é algo novo e próprio das novas espécies tributárias. De forma alguma. Anteriormente, simplesmente não se atentava para as mesmas, herméticos que estávamos no sistema do Código Tributário Nacional que se pretendia e se impunha mesmo fechado, de modo expresso, quanto a tal ponto. Nas taxas, por exemplo, a consideração da finalidade que lhes é própria, conforme se pode extrair do próprio texto constitucional, condiciona a elaboração das respectivas normas tributárias impositivas, principalmente no que diz respeito ao aspecto quantitativo, implicando a relação comutativa muito bem apanhada pelo Autor desta obra.

Aliás, a perspectiva dos critérios de justiça que orientam a outorga de competência relativamente a cada uma das espécies tributárias, embora também insuficiente isoladamente para servir de esteio único a uma classificação dos tributos, agrega-se às demais características e se mostra indispensável a uma classificação completa. Sem tal perspectiva, realmente não se chega a uma compreensão plena das espécies tributárias, não se consegue ter a representação adequada de cada uma delas. A análise dos critérios de justiça permite que se adentre na razão pela qual cada figura tributária foi criada, ensejando uma melhor visualização da sua estrutura.

A análise, criteriosa e crítica, do que efetivamente caracteriza cada uma das espécies tributárias referidas no texto constitucional, conforme os traços que ele próprio revela, e do que as distingue entre si, é fundamental para que se possa realizar o juízo de compatibilidade constitucional dos tributos que venham a ser instituídos com suporte em cada uma das normas de competência. Ou seja, não é perder-se em discutir o "sexo dos anjos"; pelo contrário, é estabelecer as bases para uma análise jurídica séria das possibilidades de tributação e estabelecer o instrumental necessário à censura de exações que venham a ser instituídas sem adequação aos modelos constitucionalmente postos e, pois, que careçam de validade.

Assim, tipo de fato gerador, circunstância fática prévia, finalidade específica, promessa de devolução, perspectiva distributiva ou comutativa, todos são elementos relevantes e indispensáveis à identificação das espécies tributárias, que, aliás, se faz, sempre, por exclusão.

O Autor desta obra, Arthur M. Ferreira Neto, tem trabalhado comigo, diariamente, já há quase dez anos. Muito discutimos todos os grandes temas do Direito Tributário e, sempre, de modo franco, aberto, preocupados apenas em chegar a uma análise mais consistente dos diversos institutos.

Pude testemunhar, neste período, as diversas fases que vão forjando um profissional de respeito: a conclusão da sua graduação na UFRGS, a Especialização em Direito Tributário do IBET, o mestrado em Direito novamente na UFRGS, o início da sua atividade docente e, sempre, seu estudo incansável e sua inquietação intelectual. Traço sempre permanente na postura do Arthur – e que também me caracteriza – é a sua insubmissão ao argumento de autoridade, valorizando, isso sim, o melhor e mais consistente argumento. Aliás, a postura investigativa, crítica, capaz de avançar na construção de novas abordagens e soluções não admite idolatrias.

A experiência profissional do Arthur no trato das questões tributárias, em meio às liminares, às sentenças e aos votos, bem como seu espírito crítico, sua profunda dedicação aos estudos de Teoria Geral do Direito, de Direito Tributário, de Filosofia do Direito e de Filosofia, e, por certo, sua inteligência e seu potencial para a docência e para a literatura, permitiram que bem identificasse esse tema fundamental da classificação dos tributos, que carecia de melhor abordagem, e que empreendesse o estudo que ora é dado ao público, contribuindo, já na sua estréia, para que se possa melhor compreender a tributação e as espécies tributárias em particular.

As referências consideradas por Arthur são seguras, e o resultado é uma das mais completas e cuidadosas abordagens de que se dispõe no Direito Brasileiro sobre classificação constitucional de tributos.

Leandro Paulsen

Juiz Federal da 2ª Vara Federal Tributária de Porto Alegre, convocado para atuar junto à 2ª Turma do Egrégio Tribunal Regional Federal da 4ª Região.
Especializado em Filosofia e Economia Política pela PUCRS.
Professor de Direito Tributário na Escola Superior da Magistratura Federal (ESMAFE) e no Pós-Graduação da UFRGS.

Sumário

Introdução 15
1. Postura filosófica diante do objeto de estudo 19
2. A atividade de classificação nadogmática jurídico-tributária 33
   2.1. O que é classificar? 33
   2.2. Razões para se classificar as espécies tributárias com base na Constituição 38
3. Paradigma tradicional de classificação dos tributos 43
   3.1. Divergências doutrinárias acerca da classificação jurídica dos tributos 43
   3.2. A base econômica sujeita à tributação como critério classificatório insuperável 47
   3.3. Da tentativa de substituição da tradicional Teoria do Fato Gerador (possíveis deficiências no aspecto material da hipótese de incidência) 51
4. Classificação constitucional dos tributos em uma perspectiva aristotélica de justiça 59
   4.1. Proposta de um novo critério de classificação constitucional de tributos 59
   4.2. A justiça enquanto elemento relacional e critério epistemológico 60
   4.3. As espécies de justiça que movem a tributação 67
      4.3.1. Quadros comparativos 80
   4.4. Exemplos concretizadores dos tributos qualificados pela perspectiva da justiça 82
      4.4.1. Tributos comutativos 82
      4.4.2. Tributos distributivos 94
   4.5. Discriminação constitucional dos tributos pela perspectiva da justiça 103

5. Outros elementos necessários a uma classificação constitucional de tributos 111
   5.1. A finalidade constitucional a ser alcançada pelo Estado ... 112
   5.2. A exigência constitucional de circunstância fática prévia ao exercício da competência 120
   5.3. A previsão legal de restituição do montante recolhido 124

6. Quadro comparativo 128

   Conclusão 129

   Tabela de precedentes jurisprudenciais 134

   Referências bibliográficas 135

Introdução

Busca-se defender, neste estudo, a possibilidade de elaboração de uma classificação jurídica de tributos fixada, primeiramente, não nos tipos de bases econômicas que se sujeitam à tributação, mas nos variados modos em que a entidade tributante e o contribuinte podem vir a se relacionar legitimamente sob uma determinada ordem constitucional. Para tanto, pretende-se sustentar que o critério classificatório que melhor agrega esse elemento relacional inerente a qualquer espécie tributária está representado nos tipos de justiça particular trabalhados por Aristóteles.

Na formulação da estrutura classificatória aqui defendida, dois pressupostos serão assumidos.

Primeiramente, será aceito como verdade que a classificação de tributos deve sempre partir do texto constitucional. Isso porque cabe exclusivamente à Constituição dispor sobre a discriminação de competências tributárias, sendo que será a interpretação sistemática destes enunciados constitucionais que permitirá a identificação daqueles elementos indispensáveis a uma classificação completa das espécies tributárias. Além disso, assumir o texto constitucional como sendo o ponto de partida normativo para a estruturação de uma classificação jurídica de tributos impede que os modelos de tributação sejam definidos como se fossem anteriores à positivação do Sistema Constitucional que esteja em vigor. Não há, em nossa compreensão, espécies tributárias que possam ser qualificadas em antecedência lógica à estruturação normativa de determinado contexto constitucional, tal como se fossem tipos transcendentais que pudessem ser extraídos da pura razão. Assim, fora de uma ordenação constitucional específica, não há se falar em "verdadeiros" impostos ou "verdadeiras" taxas. Não se pode, portanto, exigir que os enunciados da Carta Constitucional venham forçosamente a se adaptar a moldes criados de forma apriorística pela doutrina em períodos anteriores a sua promulgação. Na verdade, será o paradigma constitucional vigente que deverá ditar quais elementos essenciais que compõem os diferentes modelos jurídicos que se busca classificar cientificamente.

Em segundo lugar, será sustentado que o apego à base econômica que se tributa não é suficiente para apreender toda a complexidade das espécies tributárias previstas no Sistema Constitucional hoje vigente. Pretende-se demonstrar que o atual Sistema Tributário estabeleceu uma variedade de espécies tributárias mais ampla e mais detalhada do que aquela que se fazia presente sob a égide das Constituições já revogadas, período passado este em que a tradicional Teoria do Fato Gerador, bem como os elementos conceituais que foram a partir dela elaborados, mostravam-se perfeitamente eficazes na descrição de realidades normativas menos diversificadas. No entanto, a inauguração de um novo paradigma constitucional exige que os critérios classificatórios que haviam sido utilizados com sucesso no passado sejam confrontados com os atuais modelos jurídicos, o que pode implicar a continuidade de sua aplicação, caso ainda se mostrem adequados, ou a necessidade de sua substituição por outro que possibilite uma apreensão mais sofisticada da realidade que se está a classificar. Será defendido, portanto, que a Constituição de 1988, ao estabelecer um Sistema Tributário de contornos mais complexos do que os que lhe antecederam, dificulta – talvez de modo insuperável – a tarefa daquele que busca apresentar uma classificação das espécies tributárias, com pretensões de completude, partindo de uma dimensão restritiva da realidade que se atenha apenas aos diferentes tipos de materialidade assumidas pelo fato gerador do tributo (vinculado e não-vinculado).

Uma vez diagnosticada a possível insuficiência deste critério classificatório sob a atual Constituição, será apresentada uma tentativa de se justificar as espécies tributárias com base em um elemento que tende a ser mais abrangente e que busque dar conta do caráter relacional presente em todos os tipos tributários, qual seja: a espécie de justiça que movimenta a tributação. Será argumentado, ainda, a partir de decisões do Supremo Tribunal Federal, que o elemento relacional da justiça permite uma melhor compreensão da natureza jurídica das espécies tributárias, possibilitando, assim, uma resolução mais eficiente de casos práticos.

Mesmo que se sustente que o elemento relacional da justiça seja mais adequado à descrição primeira da natureza dos tributos, impõe-se reconhecer, desde já, que a só-referência a este critério não será suficiente para se diferenciar, de modo integral, as espécies tributárias. Por esta razão, será necessária a indicação de outros três critérios classificatórios extraídos diretamente do texto da Constituição, os quais deverão ser somados ao elemento relacional estruturado a partir da teoria da justiça aristotélica.

Por fim, cabe referir que a pretensão primordial do presente estudo é traçar apenas um panorama geral dos elementos essenciais das espécies tributárias, ou seja, aqueles elementos que podem ser considerados como justificadores da natureza jurídica específica de cada tipo tributário. Não se busca, pois, aqui, elaborar uma análise aprofundada sobre todo o conjunto de regras e princípios que regulam as espécies tributárias ao final classificadas nem sobre a totalidade das repercussões jurídicas que podem emergir da classificação que será proposta, o que, por certo, exigiria um trabalho de maior fôlego.

1. Postura filosófica diante do objeto de estudo

"A Justiça nada tem a ver com a Teoria Geral do Direito, mas é precisamente o objeto da Filosofia do Direito".[1] Com esta frase, Alfredo Augusto Becker instaurou seu contundente ataque ao pensamento jurídico-tributário que vigorava em seu tempo. A acidez de sua crítica contra o que denominou de "manicômio jurídico tributário"[2] encontrava como alvo principal as doutrinas empiricamente orientadas, definidas, por ele, de pré-jurídicas (e.g. Ciência das Finanças), às quais, por trabalharem com noções oscilantes e contingentes da realidade, adentravam de modo ilegítimo no mundo jurídico.[3] Para Becker, a utilização de conceitos que não se revestissem de um puro *pedigree* jurídico levaria invariavelmente o aplicador do Direito a desenvolver tão-somente raciocínios pseudojurídicos, os quais acabariam por gerar uma "conclusão invertebrada e de borracha que se molda e adapta ao caso concreto segundo o critério pessoal (arbítrio) do intérprete do direito

---

[1] BECKER, Alfredo Augusto. *Teoria Geral do Direito Tributário:* 3ª ed. São Paulo: Lejus, 1998, p. 19.

[2] Op. cit., p. 06.

[3] "O maior equívoco no Direito Tributário é a contaminação entre princípios e conceitos jurídicos e conceitos pré-jurídicos (econômicos, financeiros, políticos, sociais, etc.)". (Op. cit., p. 40).

positivo (regra jurídica)".[4] A sua preocupação principal era com a elaboração de uma concepção do Direito que partisse de elementos empíricos, não objetivos, a qual, para ele, jamais autorizaria uma sistematização científica do ramo jurídico nem garantiria parâmetros de certeza quando da sua aplicação. Por essa razão, também não poderia o Direito vir escorado em fundamentos políticos, morais ou econômicos, já que qualquer justificação apoiada nesses elementos refletiria tão-somente uma concepção subjetiva do mundo, a qual careceria, por certo, da objetividade necessária para a elaboração de um verdadeiro esforço científico. Somente a estruturação de argumentos que partissem da análise rigorosa da linguagem puramente científica estaria autorizada a garantir a certeza e a afastar a contradição na aplicação do Direito. Assim, para que fosse praticada a verdadeira Ciência do Direito Tributário, o jurista deveria dedicar-se exclusivamente ao "estudo da estrutura lógica e da atuação dinâmica da regra jurídica".[5]

Seria altamente imprudente não reconhecer a relevância e a pertinência dos ataques proferidos por Becker ao excessivo empirismo das doutrinas que à sua época moldavam o modo de pensar no Direito Tributário. As suas corrosivas manifestações possibilitaram o afastamento de inúmeros vícios de raciocínio que, naquele período, estavam a prejudicar uma compreensão mais detalhada do fenômeno tributário. Assim, com o intuito de se pôr fim à mentalidade que via a relação tributária exclusivamente com base em seu conteúdo empírico, entendeu-se por bem elaborar uma nova ciência do Direito Tributário que partisse de modelos jurídicos absolutamente formalizados. Preferiu-se, pois, a composição analítica do pensamento tributário em vez de uma metodologia jurídica que se fiasse na suposta incerteza

[4] Op. cit., p. 40.
[5] Op. cit., p. 66.

de uma realidade contingente. Não há como se negar que, em nome deste cientificismo e desta formalização, sérios avanços foram promovidos no campo do Direito Tributário, principalmente ao se permitir uma compreensão mais detalhada da estrutura lógica das regras tributárias. Uma melhor identificação dos elementos formais integrantes da regra de incidência tributária veio a instaurar um parcial e momentâneo consenso no meio acadêmico em relação aos aspectos necessários para a construção da norma impositiva, o que, em última instância, garantiu certo grau de segurança e certeza na aplicação do Direito. A crítica de Becker à submissão completa do Direito Tributário ao modo como os fatos se apresentavam no mundo fenomênico teve, ainda, o efeito de revisar alguns excessos antes perpetrados em nome da antiga interpretação econômica do Direito. Assim, a conjugação destes avanços veio a garantir, até certo ponto, uma aplicação do Direito mais segura e mais eficiente, além de consagrar a autonomia metodológica e didática do Direito Tributário, o qual, à época de Becker, encontrava-se ainda obumbrado por outros ramos do conhecimento científico.

Os méritos de Becker ao promover sérios progressos no campo do Direito Tributário são, pois, inegáveis. No entanto, mesmo afirmando-se o valor de sua obra, não há como efetivamente compreender as razões de suas críticas – e, em larga medida, a situação hodierna do Direito Tributário – sem se ter em mente as matrizes filosóficas que estruturaram seu pensamento. Isso porque o debate por ele instaurado de modo algum pode ser compreendido como se estivesse a representar uma realidade inaugural e inédita ou como se fosse algo absolutamente desprendido dos esforços que, antes dele, já haviam mobilizado o pensamento jurídico na modernidade.[6] As idéias de Becker, na verdade, nada

---
[6] Pretendemos utilizar a expressão "Modernidade" – sem dúvida complexa e generalizante – para nos referir ao período que é marcado pela instauração de uma postura filosófica e jurídica que abandonou, em larga medida, a tradição

mais são do que a concretização, no campo tributário, da concepção kelseniana de Direito. Aliás, as referências diretas e reflexas feitas à Teoria Pura de Kelsen perfazem toda a sua obra.[7] Verifica-se, pois, que o Direito Tributário pátrio, em um momento fundamental de sua maturação, foi sistematizado a partir de fortes padrões positivistas, os quais ainda se encontram absolutamente arraigados na Dogmática atual.

Não há, porém, como se assumir a postura normativista e voluntarista inerente ao positivismo kelseniano sem tomar-se abertamente toda a crítica que acompanha este tipo de pensamento. A Teoria Pura do Direito[8] apresenta o sistema jurídico como uma estrutura hierarquizada de normas (normalmente esquematizada em uma figura piramidal) que pode ser conhecida e compreendida pelo intérprete mediante a abstração de quaisquer considerações de ordem fática ou axiológica.[9] O sistema jurídico representa, assim, um agrupamento fechado de normas que não necessitaria receber, para sua compreensão, a influência de qualquer elemento a ele externo, o qual acaba por formar uma unidade (ordem) que é constituída em razão de todas as suas partes integrantes receberem o mesmo fundamento de

do pensamento clássico (grego). Abrange o período que vai do século XVI ao século XX. Para um estudo aprofundado dos elementos que poderiam ser atribuídos à Modernidade, vide *El espititu de la Modernidad*, *in* CARPINTERO, Francisco. *Derecho y Ontología Jurídica*. Espanha: Editora Actas, 1993, p. 323/36.

[7] Op. cit., p. 33, 57, 58, 60, 61, 62, 63, 71,72, 73, 76, 115, 222, entre outras.

[8] KELSEN, Hans. *Teoria Pura do Direito:* São Paulo, Martins Fontes, 2000.

[9] Esta afirmação, do modo como está colocada, aparenta não fazer jus à complexidade na qual a Teoria de Kelsen veio a ser formulada. Não temos o objetivo, porém, de realizar aqui uma crítica abrangente e profunda ao pensamento kelseniano. Cabe apenas esclarecer que Kelsen, de fato, em algumas passagens de sua obra, prevê a possibilidade de o Direito ser preenchido por elementos a ele externos. Analisando-se, no entanto, o conjunto da sua obra e os objetivos que se desejavam alcançar através do seu projeto (estruturação de uma *Teoria Pura*), tais considerações representam apenas características aleatórias e contingentes dentro da prática jurídica, não sendo, em si, elementos necessários à compreensão do fenômeno do Direito.

validade, qual seja a possibilidade de serem reconduzidas a uma norma fundamental.[10] Dentro deste contexto, somente teríamos verdadeira ciência do direito quando esta fosse compreendida como "purificada de toda a ideologia política e de todos os elementos da ciência natural".[11] O Direito, portanto, deveria ser objeto de estudo de uma ciência própria e específica, absolutamente separada daqueles outros campos do conhecimento que se voltam à apreensão da moral ou da política.

Nesta concepção, o valor máximo produzido e fomentado pela prática jurídica, conforme antes destacado, é a segurança nas relações de mando e obediência, bem como a previsibilidade quando da aplicação das normas (objetividade e exatidão). Para que os critérios objetivos possam ser determinados, é necessário que o fenômeno jurídico passe a ser compreendido e identificado primordialmente com base na sua origem (estudo das fontes), e não de acordo com o seu conteúdo.[12] Assim, para que fosse atribuído o qualificador jurídico a determinado fenômeno, seria imperativo saber apenas se foi ou não observado o procedimento estabelecido pelo próprio ordenamento como critério suficiente e necessário para garantir a sua validade, sendo de todo irrelevante a retidão ou a correção do seu conteúdo.[13] Tanto é verdade que o Direito se apresentaria como um sistema

---

[10] Interessante destacar que a norma fundamental, em uma primeira fase do pensamento kelseniano, é considerada como pressuposta (*Teoria Pura do Direito*: São Paulo, Martins Fontes, 2000, p. 222), passando a ser considerada, em um segundo momento, como mera ficção (*Teoria Geral das Normas*. Porto Alegre: Sergio Antonio Fabris, 1986, p. 328). Para uma compreensão mais aprofundada sobre o tópico, vide: BARZOTTO, Luis Fernando. *O Positivismo Jurídico Contemporâneo*: Uma introdução a Kelsen, Ross e Hart. São Leopoldo/RS, Unisinos, 1999.

[11] KELSEN, Hans. *Teoria Pura do Direito*, p. XI.

[12] BARZOTTO, op. cit., p. 14.

[13] "Uma determinada norma jurídica não vale porque tem determinado conteúdo (...), mas porque é criada por uma forma determinada". (*Teoria Pura do Direito:* São Paulo, Martins Fontes, 2000, p. 221).

absolutamente compreensivo, estando apto a apreender e a trazer para dentro de seu mundo todo e qualquer fenômeno manifestado na realidade.[14]

Por sua vez, a Teoria Pura somente pode ser compreendida em sua verdadeira extensão e profundidade quando exposta com base no pensamento filosófico daqueles que serviram, consciente ou inconscientemente, de inspiração a Hans Kelsen. Vislumbramos dois pilares filosóficos que se apresentam, expressa ou implicitamente, na estruturação do positivismo kelseniano, quais sejam: Immanuel Kant e Friedrich Nietzsche. Primeiramente, a influência kantiana de Kelsen é manifestada, de modo expresso, em ao menos três das suas principais obras.[15] Esta inspiração, porém, somente concretiza-se no plano epistemológico da sua teoria, ao fornecer os fundamentos necessários (condições de possibilidade para o conhecimento) à compreensão estritamente deontológica e formalizada do fenômeno jurídico, bem como ao autorizar a adoção pelo cientista do Direito de um ponto de vista externo, ou seja, daquele sujeito cognoscente que adota uma determinada perspectiva de modo a não se incluir no ambiente sendo apreciado cientificamente.[16] Diríamos que as ma-

---

[14] "(...) todo e qualquer conteúdo pode ser Direito. Não há qualquer conduta humana que, como tal, por força do seu conteúdo, esteja excluída de ser conteúdo de uma norma jurídica." Op. cit., p. 221.

[15] *Teoria Pura do Direito*: São Paulo, Martins Fontes, 2000, p. 225, *Teoria Geral das Normas*. Porto Alegre: Sérgio Antonio Fabris, 1986, p. 18 e ss. 98 e ss. e KELSEN, Hans. *O que é a Justiça?* São Paulo: Martins Fontes, 2001, p. 19/20.

[16] Nesta esteira, pode-se identificar um sutil paralelo entre a oposição de Kelsen aos que justificavam o Direito como sendo definido a partir de sua faticidade (o ser natural determinado pela lei da causalidade, *Teoria Pura do Direito:* São Paulo, Martins Fontes, 2000, p. 4/5) e as críticas de Kant ao empirismo de David Hume, principalmente no ponto em que este afirmava a possibilidade de se extrair princípios da razão a partir da existência das coisas no mundo fenomênico, tentativa esta que seria para Kant sempre infrutífera já que baseada sempre em uma manifestação contingente da realidade, carente, portanto, de qualquer objetividade (Crítica da Razão Prática: Portugal, Edições 70, p. 63/9). Dada a similitude destas críticas, nada estranha o fato de Alfredo Augusto Becker também vir a direcionar seus contun-

trizes kantianas claramente vieram a se manifestar na definição de norma jurídica como sendo o sentido objetivo de um ato de vontade,[17] bem como na estruturação da norma fundamental como pressuposição lógico-transcendental do ordenamento jurídico.[18]

Se a teorização de Kelsen mostra-se kantiana do ponto de vista epistemológico, ao lhe fornecer o aparato conceitual necessário à formulação da sua definição de norma e de ordenamento jurídico, deve-se reconhecer uma influência nietzschiana (ao menos implícita) na sua compreensão da moral e no seu repúdio em relação a qualquer teoria de Direito Natural como elemento fundante da experiência jurídica. Isso porque, distanciando-se de Kant,[19] Kelsen adota abertamente na sua

---

dentes ataques à submissão do Direito Tributário ao que ele chamava de ciências empíricas (economia e ciência das finanças). Mantidas as devidas proporções, não seria, pois, leviano afirmar que Kant, Kelsen e Becker possuíam a mesma agenda ideológica e filosófica.

[17] "(...) somente quando esse ato tem também objetivamente o sentido de dever-ser é que o designamos o dever-ser como 'norma'." (*Teoria Pura do Direito:* São Paulo, Martins Fontes, 2000, p. 8).

[18] *Teoria Pura do Direito:* São Paulo, Martins Fontes, 2000, p. 225.

[19] Uma leitura abrangente da "Metafísica dos Costumes" (La Metafísica de las Costumbres, 3ª ed. Espanha: Tecnos, 2002) possibilita concluir que, para Kant, direito e moral não se diferenciam propriamente em razão dos seus possíveis conteúdos, os quais estariam constantemente interconectados, mas tão-somente por força do modo pelo qual o sujeito racional se vincula à lei ("..la doctrina del derecho y la doctrina de la virtud no se distingan tanto por sus diferentes deberes como por la direferencia de legislación, que liga uno u otro móvil con la ley." p. 25). Assim, para o filósofo de Königsberg, a Moral e o Direito não são vistos como esferas racionais absolutamente apartadas, até porque ambas pertencem invariavelmente à Metafísica do Costume e são reconduzidas a um mesmo princípio objetivo e universalizador ("El princípio supremo de la doctrina de las costumbres es, pues: obra según una máxima, que pueda valer a la vez como ley universal – Cualquier máxima inepta para ello es contraria a la moral" p. 33). A aproximação entre Moral e Direito, bem como a definição da Moral como um padrão racional objetivo autorizam vislumbrar Kant como sendo um autêntico jusnaturalista (mesmo que escorado em um puro racionalismo, oriundo de seu idealismo transcendental), o que, por certo, o afasta consideravelmente da linha teórica posteriormente desenvolvida no positivismo jurídico de Kelsen. Para uma visão mais aprofundada destas idéias, veja o Estudo Preliminar de Adela Cortina Orts na tradução espanhola da Metafísica dos Costumes acima indicada.

descrição do fenômeno jurídico uma postura moral relativista,[20] possivelmente fruto de uma concepção quase nietzschiana dos valores morais.[21] É típico da sociedade moderna, na qual a visão pluralista do mundo é sempre o ponto de partida para qualquer debate, que haja a necessidade de se negar toda e qualquer noção de moral objetiva, já que, de acordo com a perspectiva relativista, admiti-la seria obrigatoriamente impor determinada concepção de vida ao indivíduo, impedindo-o de exercer as suas escolhas, bem como lhe negando aspectos essenciais de sua personalidade.[22] Por esta razão, conforme já foi perfeitamente diagnosticado por Alasdair Macintyre,[23] vivemos em um específico momento histórico no qual a moral encontra-se absolutamente fragmentada. Não há hoje padrões objetivos

---

[20] "Na medida em que as normas constituem o fundamento dos juízos de valor são estabelecidas por atos de uma vontade humana, e não de uma vontade supra-humana, os valores através delas construídos são arbitrários. (...) Por isso, as normas legisladas pelos homens – e não por uma autoridade supra-humana – apenas constituem valores relativos." (*Teoria Pura do Direito:* São Paulo, Martins Fontes, 2000, p. 19) Mais adiante, Kelsen arremata: "A tese, rejeitada pela Teoria Pura do Direito, mas muito espalhada na jurisprudência tradicional, de que o Direito, segundo a sua própria essência, deve ser moral, de que uma ordem social imoral não é Direito, pressupõe, porém, uma Moral absoluta, isto é, uma Moral válida em todos os tempos e em toda a parte." (*Teoria Pura do Direito:* São Paulo, Martins Fontes, 2000, p. 78).

[21] "O problema dos valores é, antes de tudo, o problema dos conflitos de valores. E esse problema não poderá ser solucionado com os meios do conhecimento racional. A resposta às questões que aqui se apresenta é sempre um juízo, o qual, em última instância, é determinado por fatores emocionais e possui, portanto, um caráter subjetivo. Isso significa que o juízo só é válido para o sujeito que julga, sendo, nesse sentido, relativo. (..) É pura e simplesmente impossível decidir de modo racional-científico entre dois juízos de valor em que se fundamentam essas concepções contraditórias. Em última análise, é nosso sentimento, nossa vontade e não nossa razão, é o elemento emocional e não o racional de nossa atividade consciente que soluciona o conflito." (KELSEN, Hans. *O que é a Justiça?* São Paulo: Martins Fontes, 2001, p. 4/5).

[22] FINNIS, John. Natural Law and Legal Reasoning, in GEORGE, Robert P. *Natural Law Theory – Contempory essays:* Estados Unidos da América, Oxford University Press, p. 136.

[23] MACINTYRE, Alasdair. *After virtue.* 2ª ed. Estados Unidos da América: University of Notre Dame, 1984.

para as ações individuais, já que as razões para o agir não mais necessitam ser minimamente compartilhadas com os demais, da mesma forma como não há possibilidade de alcançar um consenso efetivo nos debates públicos da modernidade (o que os leva a serem sempre intermináveis[24]), tendo em vista que as premissas rivais em disputa partem sempre de pontos de vistas aleatórios e distanciados. Dentro deste contexto, a moral é compreendida como sendo apenas o reflexo de um emotivismo, ou seja, tão-somente a expressão de preferências, atitudes pessoais ou sentimentos do sujeito que age. A moral compreendida como mera manifestação emotiva dos indivíduos, dentro de uma realidade pluralista, impede seja ela invocada como parâmetro objetivo de conduta ou como critério seguro para justificação de um dever. Além disso, a relativização da moral assume como seu corolário direto a completa descrença em todas as tentativas de formulação de um conceito de justiça.[25] Assim como o emotivismo moral não viria a garantir qualquer objetividade às condutas individuais, também não poderiam os elementos da justiça serem apresentados como critérios seguros de legitimação do Direito posto.[26] Aliás, é exatamente a incapacidade de Kelsen em conhecer a moral como dotada de algum sentido objetivo que o leva a desprezar por completo a justiça como sendo um elemento fundante do Direito.[27]

---

[24] MACINTYRE, op. cit., p. 6/8.

[25] Vide, MACINTYRE, Alasdair. Whose Justice? Which Racionality?: Estados Unidos da América: University of Notre Dame, 1988.

[26] "A modernidade traz à luz a sociedade pluralista, aquela onde impera, para utilizar a expressão de Weber, o 'politeísmo dos valores'. Neste contexto, o apelo à justiça, entendida como qualquer qualidade ético-política que torne uma norma merecedora de obediência, é fator de insegurança na identificação do jurídico, na medida em que os valores formadores do âmbito moral da vida social, carecem de um conteúdo objetivo." (BARZOTTO, op cit., p. 14).

[27] "Que a Justiça não pode ser uma característica que distinga o Direito de outras ordens resulta do caráter relativo do juízo de valor segundo o qual uma ordem social é justa." (*Teoria Pura do Direito:* São Paulo, Martins Fontes, p. 54).

As prolongadas críticas feitas ao positivismo jurídico nesta introdução são fundamentais para que reste demarcada a base filosófica que será aplicada na apreciação do presente objeto de estudo, bem como para se apontarem os pressupostos que são assumidos pela tradicional dogmática do Direito Tributário, os quais servirão de contraponto dialético ao argumento que se pretende aqui desenvolver. Isso porque, conforme já havia sido inicialmente destacado, a dogmática do Direito Tributário está, ainda hoje, fortemente influenciada por padrões positivistas. Exatamente por isso, busca seu fundamento filosófico em compreensões formalistas da realidade, as quais tendem a descrever os fenômenos jurídico-tributários apenas com base em estruturas lógicas. Isto, aliás, justifica o sucesso, neste campo do Direito, da filosofia da linguagem e da filosofia analítica. É sintomático desta afirmação o fato de grande parte das obras jurídicas nacionais mais recentes, dedicadas ao estudo do Direito Tributário, sempre apresentarem, independentemente do tópico sendo apreciado, capítulos introdutórios dedicados à exposição dos conceitos de Sistema de Direito Positivo e de Norma Jurídica, bem como à justificação da "linguagem" enquanto base constitutiva do Direito. Assim, o normativismo permanece sendo "uma espécie de santuário"[28] para o Direito Tributário moderno, mesmo que, recentemente, esteja ele sendo atualizado com base nas inovações trazidas pela filosofia da linguagem.

Neste trabalho, pretende-se dialogar com o paradigma positivista,[29] adotando-se um ponto de partida distinto no modo de se compreender o fenômeno tributário.

---

[28] SCHMITT, Carl. *Sobre os três tipos de pensamento jurídico*. In MACEDO JR, Ronaldo Porto. *Carl Schmitt e a fundamentação do Direito*. São Paulo, Max Limonad, 2001, p. 211.

[29] Sobre paradigma científico, vide KUHN, Thomas S. *The Structure of Scientific Revolutions*. Estados Unidos da América: University Of Chicago Press, 2ª edição, 1970.

Duas são as razões para este distanciamento do paradigma científico hodierno. Em primeiro lugar, está a insatisfação no assumir o formalismo deontológico como método de estruturação do Direito, o qual pretende reconduzir todo e qualquer argumento juridicamente aceitável a uma composição puramente normativa, sob a fachada de se estar promovendo o muito invocado corte epistemológico que estaria autorizado a afastar do debate jurídico determinados aspectos ("ilegítimos e espúrios") da realidade. Para nós, a norma não pode ser vista apenas como uma estrutura lógica que vem a restringir aprioristicamente os argumentos relevantes que são introduzidos no âmbito do debate jurídico. É, na verdade, o resultado (ou seja, o produto final) de um influxo dos pontos de vista relevantes que se entrechocam, formando, ao final deste processo, uma síntese de idéias que agregam razões dotadas de autoridade (*auctoritas*).[30] Assim, não há corte epistemológico prévio que possa ser justificado, exatamente porque os chamados argumentos jurídicos somente poderão ser considerados legitimados pelo sistema após esse processo racional que lhes confere autoridade e que os tornam vinculantes ao intérprete do Direito. Aliás, pensar o Direito Tributário apenas com base em estruturas normativas formais tornaria inútil o esforço que aqui se pretende realizar, já que o questionamento acerca da natureza jurídica de determinado modelo de tributação envolve obrigatoriamente a identificação de elementos materiais. De qualquer sorte, é imperativo destacar que, no desenvolvimento do presente trabalho, somente será considerado como argumento jurídico relevante aquele que estiver apto a encontrar sólidas bases de justificação no próprio texto constitucional, mesmo que a estruturação inicial do argumento substancial empenhado tenha buscado seu ponto de partida em outro campo do conhecimento.

---

[30] Sobre o sentido da expressão *autoridade*, vide ARENDT, Hannah, *On violence*, p. 45 e *What is authority?*, *in* Between Past and Future, p. 91/141.

Em segundo lugar, este estudo também estará a rejeitar a postura que prega o necessário conteúdo relativo da Moral, que acaba por impor, a reboque, um ceticismo absoluto em relação a qualquer concepção de justiça como elemento formador do Direito. É bastante compreensível, em um mundo pós-nietzschiano, a tendência de se atribuir à justiça um caráter meramente opinativo quando invocada na justificação de determinado conjunto de fatos juridicamente relevantes, já que, de acordo com esta postura, cada um dos participantes do debate jurídico que a invoca está tão-somente a expressar um sentimento íntimo e particular que não necessita ser reconduzido a qualquer padrão objetivo ou racionalmente compartilhado entre os debatedores. Partindo desta pressuposição é que se vêem, com razoável freqüência, em livros e em congressos jurídicos, afirmações no sentido de que o Direito Tributário não deveria ser estruturado com base em critérios extraídos do conceito de justiça – pois esta sempre seria entoada de modo retórico com o intuito de ver consagrados interesses de determinado grupo social – ou, ainda, que este ramo jurídico específico, do mesmo modo que o Direito Penal, que também exige uma aplicação mais rígida e estreita, poderia, no máximo, se empenhar para garantir a observância de uma justiça formal. No entanto, do mesmo modo como hoje já é possível identificar uma gradual retomada do realismo moral no campo da filosofia, também começam a ressurgir tentativas de se introduzir nos estudos tributários elementos extraídos de uma determinada concepção de justiça. [31] Seguindo

---

[31] TORRES, Ricardo Lobo. *Ética e Justiça Tributária.* In SCHOUERI, Luis Eduardo; ZILVETI, Fernando Aurélio (coords.). *Direito Tributário – Estudos em homenagem a Brandão de Machado.* São Paulo: Dialética, 1998; MURPHY, Liam; NAGEL, Thomas. *The Myth of Ownership – Taxes and Justice.* Oxford University Press, 2002; TIPKE, Klaus. Moral Tributaria del Estado y de los contribuyentes. Espanha: Marcialpons, 2002, TIPKE, Klaus; YAMASHITA, Douglas. Justiça Fiscal e o Princípio da Capacidade Contributiva. São Paulo: Malheiros, 2002; PERAGÓN, José Manuel Gallego. Los principios materiales

esta tendência, assumimos o conceito de justiça como elemento fundamental no desenvolvimento do presente trabalho, especialmente no que tange ao seu caráter eminentemente relacional, o qual é bastante adequado, em nossa compreensão, ao estabelecimento de critérios diferenciadores das espécies tributárias. Desse modo, busca-se aplicar, neste trabalho, uma concepção de justiça desenvolvida pela filosofia clássica, ou seja, aquela oriunda da tradição aristotélico-tomista.

Aliás, conforme bem destacado por Alasdair Macintyre, [32] vigoram no mundo contemporâneo duas compreensões filosóficas da realidade que se encontram, uma diante da outra, em radical oposição, tendo em vista que cada uma falseia e rejeita de modo absoluto a outra que lhe é adversária. Tal dualidade vem a exigir que o indivíduo assuma para si a perspectiva desenvolvida por uma destas duas tradições filosóficas rivais, embargando por completo a possibilidade de uma resolução dialogada dos conflitos morais. Desse modo, para Macintyre, os dois parâmetros de assimilação do mundo que estão primordialmente disponíveis ao indivíduo são Nietzsche e Aristóteles.[33] Neste trabalho, pretende-se trilhar a compreensão filosófica desenvolvida pelo segundo.

---

de justicia tributaria. Espanha: Comares, 2003. Não se poderia deixar de referir a principal obra de John Rawls (*A Theory of Justice*. Estados Unidos da América: Harvard University Press, 2001) como sendo um marco fundamental na retomada dos estudos da justiça no campo da filosofia política. É interessante notar que Rawls estabelece a tributação (principalmente a extrafiscal) como sendo um dos primeiros instrumentos aplicados na estruturação das instituições políticas necessárias para moldar a sua concepção de Estado Justo (sobre o ponto, vide o item 43 - Background Institutions for distributive Justice, op. cit., p. 242/51).

[32] MACINTYRE, Alasdair. *After virtue*, (...), p. 117.
[33] Id. Ibid., p. 109.

2. A atividade de classificação na dogmática jurídico-tributária

2.1. O que é classificar?

A atividade de classificação poderia ser definida, de modo simplificado, como sendo a "operação de repartir um conjunto de objetos (quaisquer que sejam) em classes coordenadas ou subordinadas, utilizando critérios oportunamente escolhidos".[34] Deste conceito simples é possível extrair duas tarefas básicas envolvidas no ato de classificar: em primeiro lugar, a divisão e/ou combinação ordenada de coisas presentes em determinado ambiente e, em segundo, a "escolha" de padrões básicos que se prestam a realizar esta atividade de ordenação.

A "escolha" dos critérios sobre os quais é elaborada a estrutura classificatória não pode, porém, ser vista como mero ato de vontade, tal como se estivessem à livre disposição do sujeito cognoscente.[35] Isso porque as

---

[34] ABBAGNANO, Nicola. *Dicionário de Filosofia*. São Paulo: Martins Fontes, 2000, p. 147.

[35] Paulo de Barros Carvalho, tendo qualificado a linguagem como elemento constitutivo da realidade, sustenta diferentemente ao afirmar que "os nomes são palavras tomadas voluntariamente para designar os indivíduos e seus atributos, num determinado contexto de comunicação." (*IPI – Comentários sobre as Regras Gerais de Interpretação da Tabela NBM/SH (TIPI/TAB)*. São Paulo: Revista Dialética de Direito Tributário n° 12, 1996, p. 53).

"escolhas" que servem de substrato para uma classificação são sempre resultado de um juízo valorativo feito por aquele que se dedica a estudar determinado plexo de conhecimento. Esse juízo de valoração, por sua vez, se direciona e se refere invariavelmente a uma determinada realidade, a qual se apresenta sempre em antecedência lógica e ontológica ao agente classificador. Aliás, é dentro desta realidade a ser categorizada que os objetos serão posteriormente apreciados e divididos com base nas essências que lhes são próprias. No caso das classificações jurídicas, tais "escolhas" serão feitas pelo intérprete, que assume como ofício a compreensão e a sistematização dos institutos jurídicos necessários a uma adequada aplicação do Direito.

Os critérios racionais que são estabelecidos pelo intérprete deverão abranger, entre outros, o número de categorias estabelecidas, as diferenças que justificam a inclusão ou exclusão de cada objeto em determinada categoria, bem como a ordem de hierarquia entre as distintas categorias identificadas. O importante é destacar que a assunção de cada um desses critérios pelo intérprete é promovida sempre com base em uma intencionalidade específica, que invariavelmente indica a sua pretensão de apreender uma realidade externa a si próprio e ao seu aparato cognitivo. Não é por outro motivo que a eleição de um critério classificatório envolve sempre um juízo intelectivo que necessita de uma correspondente justificação racional escorada em algum elemento objetivado (externo ao sujeito que classifica), razão pela qual a estrutura de determinada classificação não pode ser considerada nem subjetiva nem aleatória.

Além disso, a justificação racional dos critérios que compõem uma classificação deve estar apta a ser compartilhada por aqueles que se dedicam ao mesmo campo do conhecimento, o que impõe venha ela a estabelecer parâmetros mínimos de consenso dentro da comunidade científica. No entanto, o eventual consenso existente acerca de uma determinada estrutura de classificação não é, em si, constitutivo da realidade que se classifica, mas é mero indício de que se pode estar diante de uma classificação verdadeira. Admite-se, pois, a existência, também no campo do Direito, de classificações dotadas de qualidades verdadeiras, as quais, por sua vez, necessitam ser identificadas e separadas pelo intérprete daquelas que contenham elementos falsos.

Especificamente no caso de uma classificação tributária, as escolhas adotadas pelo intérprete, além de receber uma plena justificação racional, deverão também encontrar o seu suporte de validação no próprio texto positivo da Constituição,[36] conforme será defendido em maior extensão no item que segue. Com essa afirmação, manifesta-se discordância com o entendimento daqueles que sustentam "que as classificações não estão no mundo fenomênico (no mundo real), mas na mente do homem (agente classificador)".[37] Uma classificação que pretenda pautar-se em uma concepção mínima de verdade não pode abstrair a fundamental importância da relação que se instala entre o sujeito cognoscente e o objeto de conhecimento. O agente classificador exerce sem dúvida uma considerável função criativa, manifestada principalmente quando da eleição racional dos critérios que darão suporte a sua estrutura classificatória. Esta sua participação criativa, no entanto, não pode ser compreendida como se estivesse a constituir a própria realidade que se busca categorizar.

Não se pretende, pois, estruturar, neste trabalho, uma classificação jurídica que esteja pautada em crité-

---

[36] ÁVILA, Humberto. *Argumentação Jurídica e a Imunidade do Livro Eletrônico*. Porto Alegre: Revista da Faculdade de Direito da UFRGS, v. 19, Março/2001, p. 160.
[37] CARRAZZA, Roque. *Curso de direito constitucional tributário*. São Paulo: Malheiros, 9ª edição, 1997, p. 306.

rios que definam os modelos tributários de modo apriorístico, tal como se pudessem ser extraídos da pura razão. Será, portanto, verdadeira a classificação de tributos que melhor representar o processo intelectivo do intérprete ao promover a apreensão racional e sistemática dos significados mínimos que podem ser reconstruídos a partir dos enunciados constitucionais que dispõem sobre competências tributárias. Por esta razão, a estrutura classificatória que resultar do processo de apreensão de um determinado contexto normativo-constitucional não pode ser compreendida como sendo fruto exclusivo da mente do sujeito que classifica nem como estando a possuir força constitutiva do próprio objeto classificado.[38]

Do mesmo modo, também não se compreende aqui como adequada uma postura estritamente pragmática do ato de classificar, a qual julga ser relevante apenas o grau de utilidade que o produto final desta atividade venha a demonstrar. É por isto que a famosa frase de Genaro Carrió, de que "las clasificaciones no son ni verdaderas ni falsas, son servicales o inutiles",[39] é entendida por nós com sérias ressalvas.

Ora, todo e qualquer objeto de estudo científico pode eventualmente receber uma divisão que se apresenta como de grande valia para as soluções de problemas práticos rotineiros. Ocorre que nada impede venha tal classificação científica a receber, no transcurso do tempo, ataques que demonstrem equívocos pujantes na sua estrutura, acabando por se invalidar tal projeto. Essa mudança de paradigma não significaria dizer que sur-

---

[38] Em sentido oposto ao aqui defendido: "Com os recursos da classificação, o homem vai reordenando a realidade que o cerca, para aumentá-la ou para aprofundá-la consoante seus interesses e suas necessidades, numa atividade sem fim, que jamais alcança o domínio total e a abrangência plena." (CARVALHO, Paulo de Barros, op. cit., p. 56).

[39] CARRIÓ, Genaro R. *Notas sobre Derecho y Lenguaje*. 4ª ed. Argentina: Albedo-Perrot, 1994, p. 99.

giu uma classificação de maior utilidade, mas que a própria atividade classificatória anterior, mesmo que útil aos aplicadores, estava equivocada.[40]

Deve ser dito, assim, que existem classificações verdadeiras, sendo, portanto, úteis para o desenvolvimento científico, e existem as que são falsas e que, exatamente em razão de sua falsidade, merecerão ser abandonadas em determinado momento histórico. Apenas dentro da primeira classe é que poderão ser focalizadas classificações com maior ou menor grau de utilidade. Diga-se, porém, que essas variadas classificações verdadeiras somente poderão ser entendidas como portadoras de diferentes graus de utilidade quando forem estruturadas, cada uma, com base em critérios de justificação distintos. Isso porque é logicamente inadmissível, forte no princípio da não-contradição,[41] pensar-se na existência de duas classificações, baseadas em mesmos critérios, mas portadoras de graus de veracidade e utilidade diversos.

Não há, ainda, como concordar com a postura de Carrió, no sentido de que "el criterio para decidirse por una de ellas [das possíveis classificações] no está dado sino por consideraciones de conveniencia científica, didática o práctica".[42] Em nossa visão, tal entendimento permite uma exagerada abertura ao subjetivismo, principalmente ao visualizar o agente classificador como alguém que possua a sua livre disposição a realidade que pretende categorizar (como se os objetos a serem categorizados não estivem a impor a ele nenhuma forma de limitação). Essa compreensão deveria ser rejeitada

---

[40] Sobre crise paradigmática e mudança de paradigmas científicos, veja-se KUHN, Thomas S. *The Structure of Scientific Revolutions*. 2ª ed. Estados Unidos da América: University of Chicago Press, 1970.

[41] "Pero, cúal es este principio? Es el siguiente: es imposible que el mismo atributo pertenezca y no pertenezca al mismo sujeto, en un tiempo mismo, y bajo la misma relación" (ARISTÓTELES, *Metafísica*. Espanha: Editorial Oceano, 2002, p. 42.

[42] Op. cit., p. 99.

por aqueles que buscam fixar através da prática classificatória a harmonização de padrões básicos necessários a uma aplicação objetiva do Direito. Desse modo, para nós, os critérios que formam a classificação não partem de um juízo de conveniência daquele que classifica. Aliás, como bem alerta Jacques Maritain, "(...) não é nosso espírito que mede as coisas, mas as coisas que medem nosso espírito".[43] Na verdade, conforme já sustentado, uma classificação jurídica verdadeira exige uma justificação racional dos critérios que a compõem, os quais deverão ser obtidos mediante a reconstrução de significados mínimos extraídos do texto constitucional e deverão estar aptos a serem minimamente compartilhados com os demais integrantes da comunidade científica.

Visando a encontrar uma dessas classificações verdadeiramente úteis, cabe identificar o ponto de partida normativo para a eleição racional dos critérios que darão suporte à estrutura classificatória que será proposta.

2.2. Razões para se classificar as espécies tributárias com base na Constituição

Dentre as atribuições indicadas à dogmática jurídica, a atividade de classificação representa provavelmente aquela de maior relevância. Isso porque a produção normativa, analisada em sua totalidade, surge muitas vezes dentro de um determinado contexto jurídico de modo espontâneo e assistemático, necessitando, pois, ser gradualmente transformada em algo que represente um mínimo coerente. É, portanto, função primordial do

---
[43] MARITAIN, Jacques. *Introdução Geral à Filosofia*. 18ª ed. Rio de Janeiro: Agir, 1994, p. 121.

aplicador do Direito categorizar racionalmente aqueles elementos normativos introduzidos na realidade de modo não-organizado, agrupando-os de acordo com semelhanças e separando-os com base em diferenças. Aliás, são os esquemas de classificação estruturados racionalmente pela doutrina que garantem um aparato conceitual passível de ser compartilhado entre aqueles que se dedicam à prática jurídica, estabelecendo, assim, critérios harmônicos para uma aplicação do Direito segura e objetiva.

Importante, ainda, ter-se plena consciência de que a atividade de classificação desenvolvida pela doutrina não representa um elemento constitutivo da realidade normativa que pretende categorizar. Os conceitos e as estruturas formais que são produzidos a partir de determinada classificação dogmática não podem ser compreendidos como estando a vincular, de modo cogente, as ordens constitucionais surgidas no futuro. Na verdade, são os enunciados extraídos de determinado texto constitucional que indicam, em primeira ordem, os dados objetivos que deverão ser trabalhados pelo intérprete do Direito na construção da sua estrutura classificatória, a qual deverá estar habilitada a melhor explicitar o modo real de manifestação daquele contexto jurídico que foi categorizado. É, portanto, o paradigma constitucional vigente que dita a forma de composição dos modelos jurídicos que se busca classificar cientificamente, e não o inverso.

De qualquer modo, as formulações conceituais que compõem uma classificação são sempre úteis e necessárias à compreensão das novas ordenações constitucionais, principalmente porque serão elas que permitirão avaliar uma possível compatibilidade entre os sistemas jurídicos do passado e aqueles que posteriormente se instauram. Estes critérios de classificação deverão, porém, ser sempre pensados e estruturados pela doutrina com uma relativa flexibilidade, a ponto de permitir que sejam plenamente adaptáveis aos mais variados parâmetros constitucionais que possam vir a viger. Por esta razão, quanto maior for a parcela da realidade que esteja sendo apreendida pelo critério de classificação eleito, maior será a sua eficiência na descrição da realidade normativa que se deseja categorizar. Além disso, o intérprete do Direito deve estar sempre preparado a revisar e, inclusive, a substituir os critérios de classificação mais tradicionais quando o novo contexto jurídico assim o exigir. Tal postura deveria, em tese, impedir que se viesse a interpretar o texto da Constituição como se os seus enunciados tivessem que obrigatoriamente se enquadrar nos esquemas formais que haviam sido elaborados, no passado, pela doutrina, bem como deveria afastar a compreensão de que existiriam modelos tributários, prontos e acabados, antes de qualquer positivação constitucional.

Por estas razões, entendemos ser inviável a adoção, na prática jurídica diária, de uma classificação de tributos que não parta do texto constitucional. Isso porque a instituição das diferentes espécies tributárias pelas pessoas de direito público interno depende, invariavelmente, da atribuição de uma competência tributária específica. Esse tipo normativo, por sua vez, não se encontra presente em nenhum outro local do ordenamento jurídico que não seja no corpo da própria Constituição. Por essa razão é que os elementos essenciais de cada espécie tributária necessitarão ser identificados exclusivamente a partir do texto constitucional. O argumento é simples, mas necessita sempre ser relembrado, mormente considerando a postura corrente de se definir determinada espécie tributária como se fosse uma composição ideal anterior a sua positivação constitucional.

É de ser lido, portanto, o diploma constitucional para que seja possível averiguar quais as formas autorizadas de imposição de tributos. Antes, porém, devem ser destacados os dispositivos constitucionais pertinentes à identificação dos objetos que se buscam classificar.

Primeiramente, o artigo 145 da CF/88 autoriza a União, os Estados, o Distrito Federal e os Municípios a instituírem *impostos*, *taxas* e *contribuições de melhoria*. Esse artigo, porém, não pode ser adotado como uma cláusula exaustiva de competência tributária. Deve, na verdade, ser interpretado o texto constitucional de modo a permitir sua visualização sistemática e global.

Em assim agindo, o conteúdo normativo contido nos artigos 148 e 149 da Constituição não poderá deixar de ser tomado em consideração, fazendo com que, ao menos precariamente, os *empréstimos compulsórios* e as *contribuições* sejam qualificados como pertencentes ao gênero tributário. A simples menção a esses artigos, ambos localizados dentro do capítulo do Sistema Tributário Nacional, não tem, por si só, força para atribuir a essas exigências pecuniárias a natureza tributária.

O fato de todos os dispositivos mencionados gozarem de uma localização específica dentro da Constituição (critério topográfico) é, sem dúvida, um argumento que, por si só, não se sustenta. Na verdade, a natureza tributária pode ser genericamente atribuída às exigências patrimoniais contidas nos mencionados artigos em razão de todas elas compartilharem as características que formam o conceito constitucional de tributo.

No entanto, a compreensão plena das exigências tributárias não se esgota no material semântico que pode ser extraído dos artigos 145, 148 e 149 da Constituição. Às expressões que são identificadas nos referidos dispositivos constitucionais ("impostos", "taxas", "contribuição de melhoria", "empréstimos compulsórios" e "contribuições") não pode ser atribuído o *status* de espécie tributária pelo só-motivo de estarem representadas no texto constitucional cada uma por signo próprio. Outros enunciados constitucionais poderão indicar determinados tipos de modelos de tributação. O que, na verdade, garante a natureza autônoma a uma exigência tributária prevista no texto constitucional é o fato de esta possuir características internas específicas, que lhe diferenciam das outras previstas pela Constituição. A presença, pois, desses elementos essenciais é o que marcará a natureza jurídica de uma espécie tributária determinada. Por este motivo, a função primordial de uma classificação constitucional dos tributos é exatamente destacar que elementos essenciais são necessários para uma predicação completa de todas as espécies tributárias passíveis de serem instituídas com base na Constituição de 1988. Uma vez indicadas todas as propriedades essenciais das espécies tributárias, torna-se possível a diferenciação de cada uma, bem como a compreensão das suas respectivas naturezas jurídicas.

3. Paradigma tradicional de classificação dos tributos

3.1. Divergências doutrinárias acerca da classificação jurídica dos tributos

Desde a promulgação da Constituição de 1988, inúmeras têm sido as divergências acerca dos critérios que devem ser empregados na classificação constitucional dos tributos, bem como sobre o número de espécies tributárias existentes sob a égide do atual paradigma constitucional.

Na doutrina nacional, as classificações jurídicas dos tributos são comumente analisadas com base no número de espécies tributárias sendo objeto de categorização. Por esta razão, são recorrentes as divergências travadas entre aqueles que defendem classificações bipartidas, tripartidas, quadripartidas e qüinqüipartidas.[44]

Entre nós, o principal defensor da classificação dos tributos em duas espécies é Alfredo Augusto Becker.[45] Convicto de que a base de cálculo seria o elemento suficiente e necessário para a plena diferenciação dos

---
[44] MORAES, Bernardo Ribeiro de. Compêndio de Direito Tributário, 1º vol. 4ª ed. Rio de Janeiro: Forense, 1995, p. 379.
[45] BECKER, Alfredo Augusto. *Teoria Geral do Direito Tributário*. 3ª ed. São Paulo: Lejus, 1998.

tributos,[46] Becker apresenta como categorias tributárias autônomas apenas os *impostos* e as *taxas*.[47]

Por sua vez, a classificação tripartida, que separa os tributos entre *impostos*, *taxas* e *contribuições de melhoria*, possui número expressivo de adeptos, especialmente entre aqueles apegados aos ensinamentos clássicos do Direito Tributário que acabaram incorporados ao Código Tributário Nacional.[48] Caberia aqui citar como representantes desta postura Amílcar de Araújo Falcão,[49] Aliomar Baleeiro,[50] Geraldo Ataliba[51] e Sacha Calmon Navarro Coelho.[52]

Já em relação à classificação quadripartida, duas distintas composições tributárias merecem destaque: uma elaborada por Bernardo Ribeiro de Moraes e outra apresentada por Ricardo Lobo Torres. Os tributos são categorizados por Ribeiro de Moraes em dois grandes grupos, sendo que, no primeiro, estão presentes as três espécies por ele consideradas genéricas (*imposto*, *taxas* e *contribuições de melhoria*), enquanto, no segundo, estariam incluídas todas as *contribuições especiais*. Para ele, o empréstimo compulsório seria mera modalidade de

---

[46] "Demonstrar-se-á que o critério objetivo e jurídico é o da base de cálculo (base imponível). Este, sempre e necessariamente, é o único elemento que confere o gênero jurídico do tributo." (Op. cit., p. 373).
[47] Op. cit., p. 380.
[48] Art. 5º do CTN.
[49] FALCÃO, Amílcar de Araújo. *Fato Gerador da Obrigação Tributária*. 6ª ed. Rio de Janeiro: Forense, 1999, p. 77.
[50] BALEEIRO, Aliomar. *Uma Introdução à Ciência das Finanças*. 15ª ed. Rio de Janeiro: Forense, 1997, p. 156.
[51] ATALIBA, Geraldo. *Hipótese de Incidência Tributária*. 6ª ed. São Paulo: Malheiros, 2002.
[52] "(...)adotou a teoria dos tributos vinculados e não-vinculados para viabilizar a resolução do problema do reparte dos tributos entre as várias pessoas políticas. Ora, com agir dessa forma, fechou-se na concepção tripartite do tributo, pois são três e apenas três os tributos reconhecidos por esta escola, até por questão de coerência lógica." (COELHO, Sacha Calmon Navarro. *Comentários à Constituição de 1988*. 5ª ed. Rio de Janeiro: Forense, 1993, p. 9).

imposto.[53] Por sua vez, Torres classifica os tributos em *imposto, taxa, contribuição* e *empréstimo compulsório,* sendo que as contribuições de melhoria e as denominadas contribuições especiais compartilhariam um mesmo gênero.[54] Não se poderia, ainda, deixar de fazer referência à estrutura classificatória esboçada pelo Ministro Carlos Velloso, quando do julgamento do RE 138.284-CE,[55] a qual, representando a postura quadripartida de classificação, assume também peso doutrinário:

> Os tributos, nas suas diversas espécies, compõem o Sistema Constitucional Tributário, que a Constituição inscreve nos seus artigos 145 a 162. (...) As diversas espécies tributárias, determinadas pela hipótese de incidência ou pelo fato gerador da respectiva obrigação (CTN, art. 4º), são as seguintes:
> a) os impostos (CF, arts. 145, I, 153, 154, 155 e 156);
> b) as taxas (CF, art. 145, II);
> c) as contribuições, que podem ser assim classificadas:
>   c.1. de melhoria (CF, art. 145, III);
>   c.2. parafiscais (CF, art. 149), que são:
>   c.2.1. sociais,
>   c.2.1.1. de seguridade social
>   (CF, art. 195, I, II, III),
>   c.2.1.2. outras de seguridade social
>   (CF, art. 195, § 4º),

---

[53] "Portanto, no direito positivo brasileiro, desde que as contribuições foram formalmente incorporadas ao sistema tributário, existe uma divisão quadripartida de tributos: abrange três tributos genéricos do primeiro grupo (impostos, onde se inclui os empréstimos compulsórios ou impostos restituíveis, taxas e contribuições de melhoria); e um segundo grupo (contribuições especiais)." (MORAES, Bernardo Ribeiro de. *Compêndio de Direito Tributário*, 1º vol. 4ª ed. Rio de Janeiro: Forense, 1995, p. 383).

[54] "Daí se conclui que a CF adotou a divisão quadripartida: o tributo compreende o imposto, taxa, a contribuição e o empréstimo compulsório. Parece-nos que as contribuições sociais, de intervenção no domínio econômico e de interesse de categorias profissionais ou econômicas, referidas no art. 149, devem se amalgamar conceptualmente às contribuições de melhoria mencionadas no art. 145, III, subsumindo-se todas no conceito mais amplo de contribuições especiais." (TORRES, Ricardo Lobo. *Curso de Direito Financeiro e Tributário.* 11ª ed. Rio de Janeiro: Renovar, 2004, p. 369).

[55] STF, Pleno, Rel. Ministro Carlos Velloso, RE 138.284-CE, unânime, 01/07/1992.

c.2.1.3. sociais gerais (o FGTS, o salário-educação, CF, art. 212, § 5º, contribuições para o SESI, SENAI, SENAC, CF, art. 240);
c.3. especiais:
c.3.1 de intervenção no domínio econômico (CF, art. 149) e
c.3.2. corporativas (CF, art. 149).
Constituem, ainda, espécie tributária: os empréstimos compulsórios (CF, art. 148).

Temos, por fim, na classificação qüinqüipartida, aquela que poderia ser considerada como sendo, atualmente, a postura dominante na prática jurídica. Nela estão identificados como espécies autônomas os cinco tributos nominalmente elencados no Sistema Tributário Nacional hoje vigente, quais sejam, *impostos, taxas, contribuições de melhoria, empréstimo compulsório* e *contribuições*. Cabe referir, a título de exemplo, os seguintes defensores da classificação qüinqüipartida: Paulo de Barros Carvalho,[56] Hugo de Brito Machado,[57] Márcio Severo Marques,[58] Eurico Marcos Diniz de Santi[59] e Leandro Paulsen.[60]

Neste estudo, porém, pretendemos dar maior atenção, não propriamente ao número de espécies sendo analisadas, mas aos critérios de classificação que podem ser eleitos a partir do texto da Constituição. A quantidade de tipos tributários deverá representar tão-somente o resultado final deste processo de classificação.

---

[56] CARVALHO, Paulo de Barro. *Curso de Direito Tributário*. 13ª ed. São Paulo: Malheiros, 2000, p. 31/44.

[57] MACHADO, Hugo de Brito. Curso de Direito Tributário. 19ª ed. São Paulo: Malheiros, 2001, p. 58/9.

[58] MARQUES, Márcio Severo. *Classificação* Constitucional dos Tributos. São Paulo: Max Limonad, 2000.

[59] SANTI, Eurico Marcos Diniz de. As Classificações no Sistema Tributário Brasileiro. In Justiça Tributária. São Paulo: Max Limonad, 1998, p. 141.

[60] PAULSEN, Leandro. *Direito Tributário – Constituição e Código Tributário à Luz da Doutrina e da Jurisprudência*. 6ª ed. Porto Alegre: Livraria do Advogado, 2004, p. 43.

3.2. A base econômica sujeita à tributação como critério classificatório insuperável

Analisando-se a composição das propostas classificatórias acima citadas, constata-se que nenhuma delas, assim como nenhuma outra que se tenha conhecimento, abdica totalmente do tradicional e consagrado critério da materialidade da hipótese de incidência. Essa realidade se justifica, tendo em vista que o estudo do fato gerador da obrigação tributária é normalmente identificado como sendo o próprio objeto de compreensão do Direito Tributário, sem o qual sequer haveria se falar nessa disciplina jurídica. Seria, para alguns, como pretender falar sobre o Direito Penal sem fazer qualquer referência ao crime ou ao tipo penal.[61]

Na verdade, caso fossem analisadas todas as classificações antes referidas como sendo fruto de uma única evolução histórica, poderíamos visualizar duas etapas distintas na formação da dogmática tributária nacional.[62]

Teríamos, em um primeiro momento, o desenvolvimento de classificações jurídicas escoradas exclusivamente na materialidade da hipótese de incidência tributária, vendo neste elemento um critério classificatório único e suficiente para descrever todas as possíveis espécies tributárias que pudessem ser oferecidas pelos variados ordenamentos constitucionais. Aqui, encontraríamos os trabalhos de Alfredo Augusto Becker, Amílcar de Araújo Falcão, Aliomar Baleeiro, Geraldo Ataliba, entre outros.[63] De acordo com tal postura, nada necessi-

---

[61] FERRAZ, Roberto. *Da Hipótese ao Pressuposto de Incidência – em busca do Tributo Justo*. in *Direito Tributário – Homenagem a Alcides Jorge Costa*. São Paulo: Quartier Latin, 2003, vol. I, p. 176.

[62] Tal proposição, sem dúvida, estará a simplificar excessivamente o modo real em que se desenvolveu a dogmática tributária no que tange à classificação de tributos. No entanto, permitimo-nos trabalhar com tal simplificação para fins didáticos.

[63] BECKER, Alfredo Augusto. *Teoria Geral do Direito Tributário*. 3ª ed. São Paulo: Lejus, 1998; FALCÃO, Amílcar de Araújo. *Fato Gerador da Obrigação Tributária*. 6ª ed. Rio de Janeiro: Forense, 1999, p. 77; BALEEIRO, Aliomar.

taria ser agregado a este elemento para que fosse feita uma descrição precisa e completa da verdadeira natureza dos tributos. Assim, a essência das distintas espécies tributárias poderia ser explicitada, independentemente do contexto jurídico, apenas a partir do tipo de base econômica que haveria de ser tributada (vinculada ou não-vinculada). Em outras palavras, a natureza específica de determinado tributo corresponderia, de modo exclusivo e absoluto, a um reflexo daquilo que estaria sendo objeto de tributação. Poderíamos denominar de *monolítica* esta etapa da evolução doutrinária, já que as classificações dos tributos aqui oferecidas seriam cunhadas com base em um critério único e relativamente estático. *Único* porque, conforme já referido, estaria baseado em apenas *um* elemento descritivo dessa relação complexa que é manifestada através das distintas espécies tributárias; e *estático* porque se ateria a uma dimensão, por nós considerada, restritiva e estanque da realidade jurídica que se busca categorizar, exigindo que todos os tributos venham, por natureza, a representar a tributação ou de um aspecto da vida privada do particular/contribuinte ou de uma parcela da atividade/benefício oferecida pelo Estado, como se entre uma coisa e outra não houvesse uma conexão indissociável.

Já em um segundo momento desta evolução dogmática, teríamos a apresentação de classificações tributárias que poderiam ser chamadas de *agregativas*, uma vez que, diante de inúmeros conflitos classificatórios surgidos a partir da aplicação exclusiva do critério da materialidade da hipótese de incidência, vêem a necessidade de agregar a este tradicional elemento outros que estariam a indicar traços normativos impostos pela Constituição para a criação válida dos tipos tributários.

Uma Introdução à Ciência das Finanças. 15ª ed. Rio de Janeiro: Forense, 1997, p. 156; ATALIBA, Geraldo. *Hipótese de Incidência Tributária.* 6ª ed. São Paulo: Malheiros, 2002.

Nesta etapa, citamos como exemplos os esforços classificatórios de Márcio Severo Marques, Eurico Marcos Diniz de Santi e Marco Aurélio Greco.[64] Na elaboração destas classificações agregativas é diagnosticada uma relativa insuficiência da clássica Teoria do Fato Gerador diante da nova ordem constitucional, o que vem a impor a busca por outros padrões normativos que sejam capazes de descrever, em maiores detalhes, a composição jurídica das espécies tributárias. No entanto, o que todas possuem em comum é o fato de permanecerem, de um modo ou outro, ainda a utilizar o critério da materialidade da hipótese de incidência para a descrição parcial das espécies tributárias. Por isso, nesta fase desenvolvimento dogmático, o critério classificatório tradicional é apenas somado a novos elementos descritivos, os quais estariam aptos a corrigir e a superar a insuficiência classificatória que havia sido constatada. Tal constatação, no entanto, não chega a exigir que o elemento tradicional venha a ter a sua própria legitimidade colocada à prova. Assim, mesmo que as classificações agregativas venham a suscitar uma relativa inaptidão do tradicional critério da materialidade da hipótese de incidência na diferenciação plena de todas as espécies tributárias, neste período, não se chega a elaborar uma apreciação crítica do seu conteúdo interno. Não se questiona, por exemplo, se o tradicional critério da materialidade da hipótese de incidência:

• efetivamente dá conta da dimensão relacional inerente a toda forma de tributação;

• descreve, com eficiência, os diferentes motivos que podem estar por trás da instauração de uma relação tributária (o *telos* da tributação);

---

[64] MARQUES, Márcio Severo. *Classificação* Constitucional dos Tributos. São Paulo: Max Limonad, 2000; SANTI, Eurico Marcos Diniz de. As Classificações no Sistema Tributário Brasileiro. In Justiça Tributária. São Paulo: Max Limonad, 1998, p. 141; GRECO, Marco Aurélio. *Contribuições (uma figura "sui generis")*. São Paulo: Dialética, 2000.

- é plenamente adaptável aos mais variados contextos constitucionais.

Dito de outro modo, não se questiona se haveria, possivelmente, outro padrão classificatório que fosse capaz de apreender uma parcela mais ampla da realidade jurídica que se deseja categorizar e que tivesse características estruturadas com maior fluidez e dinamicidade, as quais permitiriam fosse tal critério plenamente adaptável aos mais variados modelos tributários estabelecidos por uma determinada ordem constitucional.

Assim, em nosso contexto dogmático, constata-se que, tanto nas classificações monolíticas, quanto nas classificações agregativas, não se chega a desenvolver uma apreciação crítica global do critério tradicional da materialidade da hipótese de incidência. Ele é assumido como método obrigatório a ser seguido na classificação dos tributos, sem jamais ter o seu valor intrínseco colocado em disputa. Permanece ele, pois, em ambos os períodos, como um dogma insuperável, do qual não se poderia abrir mão, sob pena de não se estar sequer tratando de tributos, tal como seria trabalhar com o Direito Penal sem fazer menção ao fato criminoso.

De qualquer modo, pretendemos aqui sugerir que é possível, sim, classificar os tributos, dentro do paradigma constitucional hoje vigente, sem que se siga necessariamente a ortodoxia do aspecto material da hipótese de incidência. Para tanto, buscaremos esboçar um critério classificatório que assuma como objetivo dar conta da natureza relacional inerente a toda espécie de tributo, bem como que permita a identificação do traço finalístico que deveria estar a motivar a instauração de uma relação tributária. O novo critério proposto também deverá estar estruturado com a amplitude e a fluidez suficiente à sua adaptação tranqüila aos mais distintos contextos constitucionais, sem que venha a impor uma adequação do texto constitucional aos seus moldes.

Além disso, cabe de pronto referir que, mesmo que se esteja a buscar outro elemento classificatório que, em nossa compreensão, possa vir a descrever com maior eficiência a dimensão relacional inerente às espécies tributárias, não se pretende aqui elaborar uma classificação do tipo monolítica. Na verdade, entendemos que, em uma ordem constitucional que preza pelo delineamento minucioso dos tipos tributários que admite sejam instituídos, tal como ocorre na Constituição de 1988, não há como se categorizar plenamente os tributos mediante a eleição de apenas uma variável classificatória. Tais tentativas tendem a descrever a realidade normativa de modo imperfeito e incompleto, incluindo, dentro de um mesmo qualificador, modelos tributários que manifestam elementos essenciais diferenciados. Desse modo, cabe referir que será aqui ofertada uma classificação tributária de estilo agregativa, mas que se diferencia das demais ao abrir mão – integralmente – do tradicional critério da materialidade da hipótese de incidência.

No entanto, antes de se introduzir um novo critério classificatório que será aqui proposto, cabe analisar se, de fato, existem deficiências internas no aspecto material da hipótese de incidência.

3.3. Da tentativa de substituição da tradicional Teoria do Fato Gerador (possíveis deficiências no aspecto material da hipótese de incidência)

Conforme destacado no item anterior, pretendemos, neste trabalho, adotar uma perspectiva distinta na definição dos modelos tributários, a qual não parta dos tradicionais tipos de bases econômicas que se sujeitam à tributação.

A atitude aqui assumida, porém, não é tomada em razão de mera extravagância ou neoterismo. Na verdade, o risco que se assume ao se abrir mão de um aparato conceitual já consagrado pela doutrina tradicional pode ser justificado tanto em razão da sua possível insuficiência diante do atual contexto constitucional como pela necessidade de se resgatar padrões de compreensão do Direito que, na modernidade, foram completamente esquecidos. Assim, além de se entender como insuficiente o critério da materialidade do fato gerador para apreender, de modo compreensivo, a realidade constitucional hoje instaurada, também se mostra pertinente substituí-lo por outro elemento que, em períodos mais remotos, representava, em si, o próprio fundamento do fenômeno jurídico.

Desse modo, dentre aquelas que seriam, para nós, possíveis deficiências no aspecto material da hipótese de incidência, duas merecem destaque especial. Seriam elas:

1ª) A sua relativa inaptidão descritiva diante de um contexto constitucional que consagra uma maior complexidade na estruturação das variadas espécies tributárias passíveis de instituição. Conforme se pretende demonstrar, a só-averiguação do tipo de base econômica sendo tributada (vinculada e não-vinculada) não permite uma compreensão plena dos traços essenciais das espécies tributárias previstas na Constituição de 1988. Isso porque o texto constitucional de 1988 não positivou, explicitamente, em relação à totalidade das espécies tributárias, o tipo de base econômica que deveria ser adotado na norma de criação do tributo. Em outras hipóteses, veio a prever, simultaneamente, para uma única espécie tributária, a possibilidade de adoção dos dois tipos de bases econômicas passíveis de serem tributadas. Tais deficiências sempre causaram dificuldades classificatórias na doutrina, o que, aliás, levou ao diagnóstico da sua insuficiência descritiva por parte daqueles que desenvolveram as classificações aqui denominadas de agregativas, postura esta que, em alguma medida, será por nós aqui seguida.

2ª) O seu apego a uma parcela restritiva e estanque da realidade, a qual toma em consideração apenas o que está sendo tributado, sem dedicar qualquer atenção à natureza das relações que podem ser mantidas entre contribuinte e Estado através da imposição tributária. Defenderemos, aqui, que toda imposição tributária agrega, invariavelmente, uma dimensão relacional que não pode ser colocada de lado e que, por esta razão, necessita estar representada na estrutura de uma classificação constitucional de tributo. Sustentaremos, ainda, que o apego à dimensão restritiva da base econômica não possibilita a compreensão dos reais motivos que deram causa à tributação, dificultando, assim, a resolução de algumas de situações práticas concretas.

Para tentar demonstrar tais possíveis defeitos presentes no critério da materialidade da hipótese de incidência dentro do contexto constitucional vigente, recorreremos aos ensinamentos de quem apreciou o tópico com autoridade, ou seja, Alfredo Augusto Becker.[65]

Criticando as tentativas iniciais de Giannini e de Hensel, Becker propôs destacar o único critério científico que entendia ser capaz de estruturar uma classificação jurídica dos tributos. A identificação desse critério se prestaria a garantir plena objetividade e segurança ao aplicador do Direito. Assim, para ele, somente seria válida a classificação que se fundasse em um elemento que fosse ao mesmo tempo de natureza jurídica e objetivamente determinável. Esse critério garantidor de segurança seria a base de cálculo do tributo, vindo ele a afirmar:

Demonstrar-se-á que o critério objetivo e jurídico é o da base de cálculo (base imponível). Este, sempre e necessariamente, é o único elemento

---

[65] *Teoria Geral do Direito Tributário*. 3ª ed. São Paulo: Lejus, 1998.

que confere o gênero jurídico do tributo. Noutras palavras, ao se investigar o gênero jurídico do tributo, não interessa saber quais os elementos que compõem o pressuposto material ou quais as suas decorrências necessárias, nem importa encontrar qual mais importante daqueles elementos ou decorrências. Basta verificar a base de cálculo: a natureza desta conferirá, sempre e necessariamente, o gênero jurídico do tributo. (...) Haverá tantos distintos gêneros jurídicos de tributos, quantas diferentes bases de cálculo existirem.[66]

Através dessa postura, Becker alcançou, até certo ponto, a objetividade que buscava, fornecendo um critério formal que poderia sempre ser auferido com facilidade pelo aplicador do Direito. Ao ater-se à análise exclusiva da base de cálculo, garantiu, sem dúvida, a visada segurança na identificação das espécies tributárias, já que o aspecto passível de análise pelo intérprete seria sempre uma característica material específica da realidade fática que a regra tributária, já instituída, previsse como motivo para o surgimento de obrigação. Nesse modelo, portanto, pergunta-se "o que deve ser tributado?", obtendo-se como resposta ora "uma manifestação econômica do sujeito passivo", ora "uma parcela do custo despendido na atividade estatal vinculada ao contribuinte".[67]

Esse critério de classificação baseia-se, portanto, em duas premissas, quais sejam: a) a necessidade de se dar atenção máxima à característica inerente ao próprio complexo empírico que se tributa;[68] b) partir exclusivamente de aspectos internos da regra tributária a ser instituída, ou seja, nada que esteja fora dessa regra terá relevância para a compreensão de determinado modelo tributário.

No entanto, pretendemos, neste trabalho, adotar um relativo distanciamento da postura que se apega a

---

[66] Op. cit., p. 373.

[67] "No plano jurídico, todo e qualquer tributo pertencerá a uma destas duas categorias: imposto ou taxa." (BECKER, op. cit., p. 381).

[68] Veja-se Becker: "Portanto, o tributo, sempre e logicamente, é uma parcela deste fato (base de cálculo) que foi transfigurado em cifra." (Op. cit., p. 377).

esse modo de compreensão formal dos modelos tributários, segundo o qual as espécies tributárias são definidas, em sua essência, pela parcela da realidade que está sofrendo tributação.

Aliás, a entrada em vigor de um *novel* Diploma Constitucional representa motivo suficientemente forte para que as estruturas conceituais de uma tradição jurídica sejam repensadas.[69] Sustentamos, aqui, que o Sistema Tributário inaugurado com a Constituição de 1988 veio a apresentar uma complexidade muito maior do que a dos demais sistemas tributários que estiveram em vigor no passado (EC 18/65, Constituição de 1967 e Constituição de 1969).[70] Por isso, uma leitura completa e sistemática do texto constitucional demonstra que sua

---

[69] Diga-se, ainda, que o desapego ao modelo tradicional compreensão das espécies tributária exige como corolário a necessidade de se entender por não recepcionado o enunciado do art. 4º, I, do CTN. Sobre a relevância da destinação do produto da arrecadação para a compreensão do fenômeno tributário na atualidade, vide FERRAZ, Roberto. *Da Hipótese ao Pressuposto de Incidência – em busca do Tributo Justo. in Direito Tributário – Homenagem a Alcides Jorge Costa*. São Paulo: Quartier Latin, 2003, vol. I.

[70] A maior complexidade adotada pelo atual Sistema Tributário é patente, caso seja ele comparado com os sistemas constitucionais passados. Não é difícil observar que a Constituição de 1988 assumiu como meta regular minuciosamente a matéria tributária no plano constitucional, descendo inclusive a detalhes (tal como vemos na especificidade com que a norma de competência do ICMS foi estabelecida no § 2º do art. 155). Aliás, a cada reforma constitucional, vemos os dispositivos constitucionais que tratam de questões tributárias receberem ainda maiores detalhamentos. A Constituição de 1988 foi a primeira a dedicar um Título próprio à Tributação (VI). A Constituição de 1946 estabeleceu seu sistema tributário apenas em 1965, através da Emenda nº 18, enquanto, na Constituição de 1967 e na Emenda Constitucional nº 1/69, os respectivos sistemas tributários encontravam-se presentes em um capítulo do Título I, dedicado genericamente à Organização Nacional. É verdade que todos os sistemas tributários do passado continham um elenco dos tributos passíveis de cobrança, uma sucinta discriminação de competências tributárias e um rol de garantias mínimas dos contribuintes, mas em nenhuma destas hipóteses tais regramentos chegaram à extensão adotada pelo Diploma Constitucional de 1988 (Para uma melhor visualização dessas diferenças, sugere-se a consulta ao trabalho comparativo elaborado pelo Senado Federal, *in Constituição da República Federativa do Brasil – 1946-1967-1969-1988 – Quadro Comparativo*, Brasília: Subsecretaria de Edições Técnicas do Senado Federal, 1996).

organicidade não foi estruturada a partir de características das bases fáticas sobre as quais se autoriza a tributação.[71] Na verdade, os critérios, hoje, de classificação dos tributos são múltiplos e podem envolver, conforme se verá mais adiante, elementos anteriores ao próprio exercício da competência tributária. Por essa razão, a busca pela materialidade da hipótese de incidência, atualmente, não concede ao aplicador do Direito todos os dados que são necessários à compreensão plena das figuras tributárias consagradas na Constituição. Dessa forma, a base de cálculo não aparenta, hoje, fixar aquele critério científico seguro sugerido por Becker. Isso porque, conforme já mencionado, a atenção ao fragmento da realidade que se tributa cria situações em que, para uma única espécie tributária, se indicam simultaneamente distintas bases econômicas, ora apontando para uma manifestação econômica do contribuinte, ora para uma atividade estatal (v.g. contribuições sociais do empregador e do trabalhador). Além disso, em outros momentos, a Constituição sequer descreve minimamente qual base econômica a exação poderá vir a adotar (v.g. contribuições de intervenção no domínio econômico, empréstimo compulsório e impostos extraordinários de guerra), não havendo sequer como o intérprete justificar a previsão implícita no texto constitucional de um ou outro tipo de aspecto material. Não se pode dizer de antemão que, por exemplo, o empréstimo compulsório deva obrigatoriamente assumir uma base de cálculo que esteja sempre relacionada com uma dimensão econômica da vida do

---

[71] É bastante comum invocar-se o art. 145, § 2º, da Constituição ("*As taxas não poderão ter base de cálculo própria dos impostos*") como sendo o dispositivo que teria, de modo inequívoco, consagrado no plano constitucional o critério material da hipótese de incidência como sendo o elemento fundamental na qualificação das espécies tributárias. Não entendemos, porém, ser correto atribuir a um dispositivo constitucional, o qual, aliás, refere-se a apenas dois tipos de tributos, a capacidade de fundamentar o elemento essencial de todas as espécies tributárias.

contribuinte. Nada nesse sentido poderia ser extraído diretamente da Constituição.

A insuficiência do aspecto material da hipótese de incidência também é constatada em relação à contribuição de melhoria. Isso porque não há como se afirmar categoricamente que a materialidade do antecedente normativo dessa espécie tributária seja de natureza vinculada pelo só-fato de estar relacionada à realização de uma obra pública. Ora, a previsão legal de uma atuação estatal (obra pública) não é, por si, suficiente para compreender-se plenamente esse modelo de tributação. Na verdade, a referência à obra pública que dá ensejo à cobrança do tributo somente adquire verdadeira relevância quando concatenada com uma valorização patrimonial experimentada pelo o contribuinte. Portanto, nesse caso, temos dois aspectos da realidade – uma direcionada ao Estado; outra direcionada ao particular – que justificam simultaneamente o tributo, sendo que a nenhum deles pode, *a priori*, ser dado maior valor. Dizer, pois, que a contribuição de melhoria é um tributo que se justifica com base na atuação estatal (obra pública) é reduzir arbitrariamente a um segundo plano a necessária valorização imobiliária que deve ser sentida pelo contribuinte.

As carências enfrentadas quando da utilização da materialidade da hipótese de incidência dificultam a atividade classificatória exatamente porque aquele que se fia a esse elemento dá atenção a uma parcela muito restrita da realidade que busca apreender. Atenta-se apenas a uma base fática que está ora mais próxima do Estado, ora mais aproximada do contribuinte. Tal critério, porém, jamais estará apto a esclarecer a natureza relacional que é inerente a todo modelo de tributação. Sustentamos, assim, que, enquanto o apego à base fática que se tributa gera resultados invariavelmente precários na compreensão das espécies tributárias, um critério que busque destacar qual a racionalidade que está por trás da relação mantida entre Estado e contribuinte não o será.

Deve, assim, o aspecto material da hipótese de incidência ser substituído por uma variável que se arrogue da pretensão de descrever a natureza do liame relacional inerente a toda espécie tributária. Através deste traço relacional será possível, em nossa compreensão, apreender a complexidade em que foi estruturado o atual Sistema Tributário. O critério adotado em substituição, já que revestido de contornos mais amplos, não virá a garantir o mesmo grau de certificação que presumidamente se obtém através da análise simples da base de cálculo ou do fato gerador do tributo. Por esta razão, a invocação desse elemento relacional sempre exigirá uma justificação adicional para cada tributo sendo qualificado de acordo com esta nova perspectiva que se propõe. De qualquer modo, mesmo reduzindo-se, em um primeiro momento, o grau certificação dos resultados obtidos, é através deste critério mais compreensivo da realidade que será possível uma adequada representação de todos os modelos tributários previstos na Constituição.

Cabe destacar, por fim, que, buscando-se aqui esboçar uma classificação agregativa, serão acrescidos ao critério substitutivo do aspecto material do fato gerador outros três elementos por nós considerados essenciais, os quais podem ser identificados a partir do próprio texto constitucional. Será a compreensão conjunta destes quatro elementos que permitirá uma qualificação completa dos tributos e possibilitará uma visualização completa da natureza jurídica particular de cada espécie tributária.

4. Classificação constitucional dos tributos em uma perspectiva aristotélica de justiça

4.1. Proposta de um novo critério de classificação constitucional de tributos

Em substituição ao tradicional aspecto material da regra matriz de incidência, o qual é entendido por nós como insuficiente no atual paradigma constitucional e como excessivamente rígido diante da natureza relacional inerente às imposições tributárias, pretendemos introduzir uma noção que se baseia nos distintos padrões de justiça que movimentam a tributação. Conforme já referido, a introdução de um critério de justiça na classificação dos tributos não se dá por mera extravagância ou puro neoterismo.[72] Na verdade, vislumbramos algumas vantagens que definitivamente poderão ser alcançadas através do empenho desse elemento.

---

[72] Cabe referir, aliás, que Ricardo Lobo Torres, em seu artigo *Ética e Justiça Tributária* (*In* SCHOUERI, Luis Eduardo; ZILVETI, Fernando Aurélio (coords.). *Direito Tributário – Estudos em homenagem a Brandão de Machado*. São Paulo: Dialética, 1998, p. 173/96), já havia utilizado o critério da justiça, não propriamente para classificar os tributos previstos na Constituição, mas para identificar determinados parâmetros vigentes no Direito Tributário brasileiro.

4.2. A justiça enquanto elemento relacional e critério epistemológico

Em primeiro lugar, a fundamentação das espécies dos tributos com base em padrões de justiça permite que sejam resgatados e reincorporados ao Direito Tributário, conceitos que, no pensamento clássico, representavam o próprio espírito formador do fenômeno jurídico. De acordo com essa perspectiva, o próprio conceito do Direito estava invariavelmente representado através da realização da justiça no caso concreto.[73] Por isso, não fazer qualquer menção à justiça na classificação de tributos aparenta deixar de fora um critério que, no passado, era visto como a própria concretização da experiência jurídica. Parodiando os dizeres de Michel Villey, eliminar o elemento da justiça da compreensão do Direito Tributário é ter vergonha da própria mãe.[74]

A concepção de justiça que será invocada no presente trabalho merece, porém, ser explicitada. Isso porque, neste tópico, se pretende adotar uma postura aristotélico-tomista na definição dos tipos de relação de justiça que irão, em seguida, qualificar as espécies tributárias.

Ao se adotar uma concepção clássica de justiça, restam afastados alguns sentidos que, na modernidade, são comumente atribuídos a esse conceito. Em regra, a invocação da justiça como fundamento de validade do Direito é acompanhada por um descrédito, principalmente por parte daqueles que não conseguem vislumbrar nela qualquer parâmetro objetivo para a resolução dos conflitos intersubjetivos. Ela é tida, pois, como um criitrio absolutamente não-científico. Tal postura, no entanto, tem como fonte típica o relativismo moral e

---
[73] VILLEY, Michel, *Filosofia do Direito*. São Paulo: Martins Fontes, 2003, p. 70/5.
[74] Op. cit., p. 88.

jurídico, próprio do positivismo,[75] que vê qualquer referência à justiça como mera manifestação subjetiva de um sentimento experimentado por aquele que a invoca (*Emotivismo*[76]), não existindo nela, portanto, qualquer sentido particular que possa ser necessariamente compartilhado entre os integrantes do debate jurídico. Esta atitude, aliás, é fruto da crença de que na sociedade democrática moderna jamais poderá ser alcançado qualquer consenso real acerca do que seja justo e injusto. Essa compreensão equivocada da noção de justiça não prejudica, todavia, o conceito que se pretende utilizar nesse trabalho. Na verdade, aqui se busca trabalhar com um sentido bastante técnico das distintas espécies de justiça, as quais são dotadas de um fundamento teórico bastante nítido e de elementos internos bem delineados. É possível, pois, falar-se em justiça como um critério objetivo que pode ser aplicado com precisão e segurança.

A segunda vantagem que se atribui à utilização do critério da justiça na qualificação dos tributos é que ele se mostra altamente adequado para representar e especificar a racionalidade do vínculo relacional que é inerente a toda e qualquer espécie tributária, característica essa que a doutrina tradicional, apegada à materialidade da hipótese de incidência, não se mostra interessada em captar. A imposição de um determinado tipo de tributo estabelece invariavelmente uma relação entre Estado e particular, relação essa que é dotada de uma racionalidade específica que vem a indicar uma característica essencial da espécie tributária sendo imposta. É somente através das distintas espécies de justiça que se torna possível explicitar as razões internas que justificam o

---

[75] HÖFFE, Otfried. *Justiça Política*. 2ª ed. São Paulo: Martins Fontes, 2001, p. 25/31.
[76] MACINTYRE, Alasdair. *After Virtue*. 2ª ed. Estados Unidos da América: University of Notre Dame, 1984, p. 21/35.

liame relacional que se pretende fixar entre entidade estatal e contribuinte quando da instituição de um determinado tributo. Aliás, é função típica da justiça, vista em uma perspectiva clássica, indicar o modo adequado pelo qual o homem deve se relacionar com os demais dentro da comunidade.[77]

A justiça, pensada de modo amplo, possui três elementos internos que dão conta exatamente dessa sua função relacional.[78] Portanto, não há como se falar em justiça sem a pressuposição destas suas três características, as quais mostram-se perfeitamente adequadas ao modo como compreendemos a manifestação do fenômeno tributário. Todas elas encontram-se presente, em alguma medida, nas espécies de tributos que adiante se pretende classificar.

O primeiro elemento é o da alteridade (*other-directedness*), ou seja, a aplicação do critério da justiça somente adquire algum sentido relevante quando a postura ou a ação de uma determinada pessoa é pensada e relacionada com a de outra.[79] A justiça é por natureza intersubjetiva, não havendo como pensá-la centrada apenas em um indivíduo ou exclusivamente sobre um objeto.[80] Ora, nada mais pertinente ao Direito Tributário, o qual dificilmente poderia ser compreendido senão como um tipo

---

[77] "It is proper to justice, as compared with other virtues, to direct man in his relations with others, because it denotes a kind of equality, as its very name implies; indeed we are wont to say that things are adjusted when they are made equal, for equality is in reference of one thing to some other." (AQUINAS, Thomas. BAUMGARTH, William; REGAN, Richard (editores). *On Law, Morality and Politics*. Estados Unidos da América: Hackett Publishing Company, 1988, p. 137).

[78] FINNIS, John. *Natural Law and Natural Rights*. Reino Unido: Oxford University Press, 2000, p. 161/2.

[79] "The just, therefore, involves at least four terms; for the persons for whom it is in fact just are two, and the things in which it is manifested, the objects, are two." (Aristóteles. *Nicomachean ethics, in The Complete Works of Aristotle*, Vol. II. Estados Unidos da América: Princeton University Press, 1995, p. 1785).

[80] FINNIS, John, *op. cit.*, p. 161; FERRAZ JUNIOR, Tércio Sampaio. *Estudos de Filosofia do Direito – Reflexões sobre o Poder, a Liberdade, a Justiça e o Direito*. São Paulo: Altas, 2002, p. 176.

de ligação que se estabelece entre duas esferas jurídicas distintas, uma que está autorizada a impor um determinado ônus e outra que está incumbida de realizá-lo. Essa consideração, entretanto, parece não ser percebida pela teoria tradicional que se apega à materialidade do fato gerador, cujo interesse alterna-se entre um fato que se aproxima do Estado ou outro que se avizinha do contribuinte.

O segundo elemento da justiça é o seu caráter atributivo ou imputativo, o qual invariavelmente indica estar-se diante de uma relação em que algo é devido a alguém (*duty of what is owed – debitum – or due to another*).[81] Estar-se-á, portanto, diante de uma relação de justiça quando se estiver a discutir a adequada atribuição de um bem ou a correta imputação de um encargo àquele que deverá recebê-los. Afinal, a função precípua da justiça – manifestada especificamente através do Direito – é a divisão de bens exteriores dentro da comunidade.[82] Esse elemento pode ser sintetizado no brocardo jurídico clássico do *suum cuique tribuere*.[83] Outro ponto, aliás, absolutamente pertinente ao Direito Tributário. Ora, sempre que se analisa um determinado modelo de tributação invariavelmente se está a perquirir acerca da imputação pelo Estado de um encargo pecuniário aos particulares que a ele se sujeitam.

Por fim, o terceiro elemento da justiça materializa-se na noção de igualdade ou de proporcionalidade (*equality,*

---

[81] FINNIS, John, op. cit., p. 162.

[82] "Since justice is directed to others, it is not about the entire matter of moral virtue but only about external actions and things, under a certain special aspect of the object, insofar as *one man is related to another* through them" (AQUINAS, Thomas, op. cit., Questão 58, Artigo 8º, p. 157 – grifou-se). Nesse mesmo sentido: VILLEY, Michel, op. cit., p. 66; e FERRAZ JUNIOR, Tércio Sampaio. *Estudos de Filosofia do Direito – Reflexões sobre o Poder, a Liberdade, a Justiça e o Direito*. São Paulo: Altas, 2002, p. 181.

[83] "(...) justice is a habit whereby a man *renders to each one his due* by constant and perpetual will(...)" (AQUINAS, Thomas, op. cit., Questão 58, Artigo 1º, p. 145 – grifou-se).

proportionality, equilibrium).⁸⁴ Assumindo uma natureza eminentemente relacional, a justiça sempre se escora em um determinado critério comparativo que serve de instrumento para identificar quais bens ou encargos caberão a cada uma das partes integrantes da relação.⁸⁵ No entanto, os termos de comparação que se prestam a estabelecer a proporção em que o vínculo relacional deve ser medido variam conforme as circunstâncias do caso concreto. Essa proporção, conforme se verá em seguida, é estabelecida ou através de uma proporção aritmética ou mediante uma proporção geométrica.⁸⁶ Pode-se dizer, aliás, que esse terceiro componente do conceito de justiça é o que atribui o sentido específico aos outros dois antes destacados, uma vez que é somente através dessa medida de igualdade ou de proporcionalidade que se torna possível justificar racionalmente a atribuição de bens ou a imputação de encargos dentro da relação intersubjetiva analisada. A identificação desse elemento de igualdade também é de alta importância no campo do Direito Tributário, pois será precisamente com base nos distintos critérios de proporção que se pretende diferenciar a natureza do vínculo relacional que está representado, de um modo ou outro, em todas as espécies tributárias.

---

84 FINNIS, John, op. cit., p. 162/3.

85 "(...)the matter of justice is external operation, insofar as na operation or the thing used in that operation is duly proportionate to another person; wherefore the *mean of justice consists in a certain proportion of equality between the external thing and the external person.*" (AQUINAS, Thomas, op. cit., Questão 58, Artigo 10°, p. 160 – grifou-se); "(...)the unjust is what violates the proportion; for the proportional is intermediate, and the just is proportional." (ARISTÓTELES, *Nicomachean ethics*, op. cit., p. 1785).

86 "Equality is the general form of justice, wherein distributive and commutative justice agree, but in one we find equality of geometrical proportion, whereas in the other we find equality of arithmetical proportion." (AQUINAS, Thomas, op. cit., Questão 61, Artigo 2°, p. 167/8); ARISTÓTELES, *Nicomachean ethics*, op. cit., p. 1785/6; FINNIS, John., op. cit., p. 174/179; FERRAZ JUNIOR, Tércio Sampaio. *Estudos de Filosofia do Direito – Reflexões sobre o Poder, a Liberdade, a Justiça e o Direito*. São Paulo: Altas, 2002, p. 183/92.

Além de permitir compreender os arquétipos tributários a partir de uma perspectiva relacional, as espécies de justiça que movem a tributação também servirão de critério epistemológico para a elaboração da estrutura classificatória que será proposta. Prestam-se, pois, como modelos formais que podem ser pensados e compreendidos antes de qualquer positivação das espécies tributárias, mas que somente adquirirão algum sentido prático relevante na seara tributária depois de confrontados com o texto constitucional. Isso porque, conforme visto, é inerente ao conceito de justiça servir de meio para a realização de uma avaliação crítica acerca das mais variadas formas de relações intersubjetivas. Dizer que são estruturas formais que podem ser compreendidas antes de qualquer positivação constitucional, de modo algum atribui a elas uma força constitutiva da própria natureza das espécies tributárias previstas na Constituição. Na verdade, sendo meros instrumentos de categorização dos vínculos relacionais estabelecidos entre entidade estatal e contribuinte, manter-se-ão sempre subservientes ao modo como os tributos foram nomeados e estruturados objetivamente no texto constitucional. Tais esquemas formais de categorização dos tipos tributários deverão, portanto, ser vistos como plenamente maleáveis às circunstâncias concretas, não obstante sejam acessíveis ao conhecimento antes da vigência de Diploma Constitucional específico.

Ao se dizer que a justiça motivadora da tributação não pode ser vista como o próprio elemento formador e criador da natureza de uma espécie tributária, busca-se evitar o equívoco que comumente se apresenta nas classificações que compreendem os tributos a partir do tipo de fato que dá origem à obrigação tributária. Nestas concepções, conforme já criticado, a materialidade do fato gerador é constitutiva da própria natureza da espécie, independentemente da nomenclatura utilizada pelo texto constitucional. É por isso que, na classificação que se pretende introduzir, não há sentido nas afirmações que defendem a existência de "verdadeiros" impostos e "verdadeiras" taxas. A postura tradicional, por outro lado, pressupõe ser possível atribuir algum sentido forte aos signos "impostos" e "taxas" independentemente de sua positivação na Constituição. Aliás, de acordo com esta linha de pensamento, é o Poder Constituinte que deve obediência aos moldes tributários que foram estruturados previamente pela Doutrina. No entanto, entendemos que a veracidade acerca de determinada espécie tributária somente poderá ser indicada após a compreensão dos dispositivos constitucionais, não obstante seja possível se elaborar esquemas formais em antecedência ao texto da Constituição. De qualquer modo, serão aqueles que deverão se submeter a este, e não o inverso.[87]

Por essa razão, somente poderá ser averiguada a validade na instituição de uma determinada espécie tributária após uma confrontação entre as estruturas formais apresentadas pelo critério da justiça e os enunciados constantes do texto da Constituição vigente. É necessário, pois, antes de se definir o critério de validação constitucional das espécies tributárias, compreender qual a natureza do liame relacional que a Constituição estabeleceu para cada tributo. Corolário direto desta afirmação é a necessidade de se ter consciência de que a eventual alteração no texto constitucional, mediante a introdução de uma nova espécie tributária ou através da modificação daquelas já tradicionais, exigirá uma pronta readequação dos critérios epistemológicos estruturados a partir do conceito de justiça aos novos modelos que surgirem.

Cabe, pois, especificar quais são os diferentes padrões de justiça que movimentam a tributação.

---

[87] Relativamente a tal argumento, agradeço às aulas do Professor Doutor Humberto Ávila.

4.3. As espécies de justiça que movem a tributação

Já se disse que, de acordo com a tradicional Teoria do Fato Gerador, a qualificação das espécies tributárias dependeria da pergunta "o que deve ser tributado?", a qual invariavelmente apresentaria como resposta ora um fato que se aproxima da entidade estatal, ora um fato concatenado com a esfera jurídica do contribuinte. O problema, porém, deste modelo que se apega restritivamente às bases econômicas que pretendem ser tributadas é que a Constituição, em determinadas situações, oferece uma resposta dúbia a esse questionamento (*e.g.* contribuições sociais e contribuições de melhoria) e, em outras, sequer indica minimamente qual seria a resposta adequada (*e.g.* empréstimos compulsórios, impostos extraordinários de guerra, contribuições de intervenção no domínio econômico). Nesses casos em que o texto constitucional não concede uma resposta à pergunta "o que deve ser tributado?" qualquer tentativa de se justificar a existência de uma base típica a uma destas espécies tributárias tenderá a ser arbitrária.

Para a formulação de um novo critério, a pergunta que representa o modelo tradicional de tributação deve ser substituída por um questionamento que se preocupe com os motivos reais que levam à tributação, bem como com modo através do qual é estabelecido um determinado tipo de liame relacional entre entidade tributante e contribuinte. Pergunta-se, portanto, através do novo modelo que se propõe, "qual o tipo de vínculo é formado através da tributação?". Como resposta serão obtidas duas formas distintas de o Estado fixar uma relação de cunho tributário com o particular. Além disso, cada tipo de vínculo relacional virá a indicar uma característica própria da espécie tributária sendo analisada, característica esta que irá manifestar a racionalidade específica que sempre deverá estar por trás da instituição deste tipo de tributo, prestando-se, assim, como um de seus critérios de validação constitucional. Servirá de critério de validação, já que a não-observância pelo legislador do tipo de vínculo relacional que é inerente a uma determinada espécie tributária acarretará a inconstitucionalidade do tributo instituído.

Conforme já adiantado, entendemos que o único elemento apto a apreender esta dimensão relacional mais ampla é o conceito de justiça trabalhado pela tradição aristotélico-tomista. Desse modo, para que a nova pergunta proposta ("qual o tipo de vínculo é formado através da tributação?") seja respondida, adequado o recurso às duas espécies de justiça particular[88] que foram trabalhadas inicialmente por Aristóteles[89] e, posteriormente, retomadas por Tomás de Aquino.[90] Para nós, a utilização das espécies de justiça particular apa-

---

[88] Cabe referir que, de acordo com a tradição aristotélico-tomista, a definição do conceito de justiça inicia com uma diferenciação entre a justiça geral e as espécies de justiça particular. Assim, em Aristóteles, temos a estipulação da justiça geral como a predisposição do cidadão de se guiar pela lei, tendo em vista a realização de sua excelência plena e a promoção do bem comum. Refere o Estagirita: "This form of justice (...) is the complete excellence (...) for practically the majority of the acts commanded by the law are those which are prescribed from the point of view of excellence and forbids us to practise any vice. And the things that tend to produce excellence taken as a whole are those of the acts prescribed by law which have been prescribed with a view for education for the common good" (Aristóteles, Nicomachean ethics, p. 1783/4). O conceito de justiça geral vem a ser, posteriormente denominado de justiça legal por Tomás de Aquino e é atualizado por Luis Fernando Barzotto com a denominação de Justiça Social (Luis Fernando. Justiça Social – Gênese, Estrutura e Aplicação de um conceito. In *Revista da Procuradoria do Município de Porto Alegre*, n° 17, 2003, p. 17/56). Sobre a Justiça Geral, vide ainda, FERRAZ JÚNIOR, Tércio Sampaio. *Estudos de Filosofia do Direito – Reflexões sobre o Poder, a Liberdade, a Justiça e o Direito*. São Paulo: Altas, 2002, p. 197. Cabe destacar, porém, que a classificação de tributos aqui esboçada irá ater-se primordialmente às duas espécies de justiça particular, as quais, conforme já referido, permitem identificar dois modos distintos de se estabelecer um vínculo relacional que possa ser considerada justo.

[89] Aristóteles. *Nicomachean ethic, in The Complete Works of Aristotle, Vol. II*. Estados Unidos da América: Princeton University Press, 1995.

[90] *On Law, Morality and Politics*. Estados Unidos da América: Hackett Publishing Company, 1988.

renta proporcionar uma visão global sobre as maneiras como a incidência dos tributos pode-se dar em nosso sistema, indicando dois modos distintos de se justificar a relação estabelecida através da tributação, seja pela perspectiva do particular que deverá arca com o ônus tributário, seja na visão do Estado que pretende compulsoriamente fixar um determinado tipo de vínculo. Cabe, pois, atentar para o fato de que não pretendemos, aqui, realizar uma classificação que qualifique as espécies tributárias de modo a separá-las em dois blocos distintos e incomunicáveis. Na verdade, buscamos um elemento flexível e dinâmico que possa ser compartilhado por todas as espécies, mesmo que, internamente, este elemento venha a permitir sejam elas diferenciadas. Pretendemos, com isso, evitar realizar uma classificação semelhante àquela desenvolvida por Marco Aurélio Greco,[91] de acordo com a qual teríamos duas grandes categorias tributárias (a baseada em um critério de validação causal e a baseada em um critério de validação finalística), as quais, aparentemente, não se relacionariam, entre si, de qualquer modo.

Aristóteles, em seu *Ética a Nicômacos*,[92] tendo antes definido o sentido próprio da justiça geral, vem a diferenciar duas formas de manifestação da justiça particular. Na primeira, está em disputa a distribuição de honras, dinheiro e outras coisas que devem ser compartilhadas entre aqueles que se encontram vinculados à constituição da cidade.[93] Esta, por certo, admite a diferenciação entre os cidadãos, já que há entre eles diferentes níveis de mérito, além de existirem os mais variados critérios para a distribuição dos bens e dos encargos, tendo em vista os diversos contextos políticos em que

---

[91] *Contribuições (uma figura "sui generis")*, São Paulo: Dialética, 2000.

[92] *Nicomachean ethic, in The Complete Works of Aristotle, Vol. II*. Estados Unidos da América: Princeton University Press, 1995.

[93] *Nicomachean ethics*, p. 1784.

estes poderão ser realizados.[94] Já na segunda, haveria tão-somente o objetivo de se garantir o equilíbrio ou a retificação de uma transação que, voluntária ou involuntariamente, veio a se manifestar de modo não-equânime. Pode-se dizer, portanto, que, enquanto na primeira situação a justiça presta-se a regular uma distribuição adequada dos bens e dos encargos dentro da comunidade, na segunda, ela vem a assumir uma função corretiva e retificadora das trocas entre indivíduos, independentemente de suas qualificações.

Destes dois modos de se compreender o estabelecimento de uma relação justa, Aristóteles extrai o conceito de justiça distributiva e o de justiça corretiva.[95]

Temos, pois, na *justiça distributiva* a atividade de distribuição na qual se atribuem bens ou encargos[96] aos cidadãos membros da comunidade, de acordo com um critério de justificação racional que se escore em características particulares do próprio destinatário desta distribuição. É exatamente o traço específico daquele que participa da relação distributiva que permitirá atribuir-

---

[94] "(...) awards should be according to merit; for all men agree that what is just in distribution must be according to merit in some sense, though they do not all specify the same sort of merit, but democrats identify it with the status of free man, supporters of oligarchy with wealth (or noble birth), and supporters of aristocracy with excellence." (*Nicomachean ethics*, p. 1785). Vide também: FINNIS, John. *op. cit.*, p. 174/5; FERRAZ JUNIOR, Tércio Sampaio, *op. cit.*, p. 183/4.

[95] A expressão justiça corretiva é alterada por Tomás de Aquino que utiliza o termo justiça comutativa. Já Tércio Sampaio Ferraz Júnior, após discorrer sobre a polêmica envolvendo a tradução desta expressão, fixa o termo justiça diortótica, por força do grego *diorthotikon dikaion* (*op. cit.*, p. 187). Mostra-se mais adequada à intenção do presente estudo a expressão utilizada pelo Aquinate, razão pela qual preferiu-se a sua utilização.

[96] Aristóteles, quando discorre sobre a justiça distributiva, refere apenas a distribuição de vantagens (honras e riquezas) entre os membros da comunidade, sem fazer qualquer menção à possibilidade de imputação de encargos que também pudessem ser definidos através da qualificação do sujeito responsável por cumpri-los. De qualquer modo, não vislumbramos qualquer empecilho na utilização desse conceito também para a distribuição dos ônus entre os membros da comunidade. Aliás, conforme já referido, é esta segunda utilização do conceito que será pertinente ao estudo do Direito tributário.

lhe uma maior quantidade de bens ou impor-lhe um maior grau de responsabilidades. Para Aristóteles, o justo envolve sempre uma relação de proporcionalidade entre fatores, sendo que, diferentemente da justiça comutativa, em que a proporção é aritmética, no caso específico da justiça distributiva, esta será sempre geométrica.[97] Portanto, são características marcantes dessa espécie de justiça particular tanto a necessidade de se promover uma correta qualificação das pessoas envolvidas na relação, quanto a possibilidade de se estabelecer um tratamento diferenciado entre elas.

O caráter principal de uma relação em que se manifesta a justiça distributiva é bem exposta por Luis Fernando Barzotto:

> Na relação da comunidade com os seus membros, que se expressa na atividade da distribuição de bens e encargos, é uma qualidade pessoal do indivíduo que constitui a causa do débito na distribuição. (...) O padrão de correção da distribuição é, portanto, a posse de uma determinada característica pessoal (parentesco, saber, necessidade, renda) que torne o indivíduo destinatário de um processo de distribuição. A justiça distributiva opera, portanto, segundo um dever que fundamenta-se em um procedimento de qualificação/diferenciação de indivíduos na distribuição de bens e encargos.[98]

A fórmula genérica da justiça distributiva é aquela que estabelece "a cada um segundo (...) seu mérito ou sua necessidade ou seu *status*, etc. (...)", de acordo com o caso.[99] Busca-se, assim, nestas relações, uma igualdade proporcional entre as partes, a qual somente será concretizada depois de definido o critério de proporção

---

[97] ARISTÓTELES. *Nicomachean ethics*, p. 1785; AQUINO, Tomás de. *On Law, Morality and Politics*. Estados Unidos da América: Hackett Publishing Company, 1988, p. 167; FERRAZ JUNIOR, Tércio Sampaio. *Estudos de Filosofia do Direito – Reflexões sobre o Poder, a Liberdade, a Justiça e o Direito*. São Paulo: Altas, 2002, p. 186/7; BARZOTTO, Luis Fernando. *Justiça Social – Gênese, Estrutura e Aplicação de um conceito*. In Revista da Procuradoria do Município de Porto Alegre, nº 17, 2003, p. 17/56.
[98] BARZOTTO, op. cit., p. 17/56.
[99] Id. Ibid.

necessário para a distribuição de bens e encargos na situação específica.

A relação tributária que envolver uma exigência movida por um critério de justiça distributiva será aquela que admitir a imputação do encargo de acordo com uma qualificação específica daquele que se sujeita à tributação. A imposição deste tipo de tributo justifica-se, pois, em razão de uma particularidade que pode ser ligada à esfera jurídica do contribuinte. A primeira idéia que vem à mente quando se pensa em tributação que tome por base uma característica específica do contribuinte é aquela que exige a observância da sua capacidade contributiva. Essa primeira constatação aproxima consideravelmente o novo critério classificatório que se pretende introduzir da maioria dos resultados que já haviam sido alcançados pela tradicional Teoria do Fato Gerador, a qual, por exemplo, rotineiramente categoriza os impostos em razão de o fato tributável manifestar uma parcela da riqueza do contribuinte.[100] Pode-se questionar, assim, qual seria diferencial garantido na utilização do novo critério proposto. Ora, não há como se negar que o grau de manifestação de riqueza na maior parte das vezes representará um elemento relevante na instituição de um tributo que admita ser guiado pelo critério da justiça distributiva. No entanto, não se pode afirmar que esse seja o único meio de se promover a qualificação do contribuinte para fins de imputação de um ônus tributário que siga essa espécie de justiça particular. Isso significa dizer que a qualificação do indivíduo sendo tributado não se baseia exclusivamente em um reflexo de sua patrimonialidade, mas pode

---

[100] "Se o princípio da capacidade contributiva é causa do imposto, será em primeiro termo obrigado ao tributo o sujeito que se encontra em uma relação tal, com o fato imponível, que a ele se possa atribuir, em uma via principal, a capacidade contributiva". (JARACH, Dino. *O fato Imponível – Teoria Geral do Direito Tributário Substantivo*. São Paulo: Revista dos Tribunais, 1989, p. 156).

buscar elementos em outras características de sua realidade particular. Exemplificativamente, podemos citar o fato de ele integrar determinada categoria profissional, o fato de praticar uma atividade específica ou o fato de atuar em determinado ramo da economia. Aqui está, pois, um elemento que permite ir além daqueles resultados comumente alcançados pela tradicional Teoria do Fato Gerador. Essa, ao ater-se restritivamente aos tipos de bases econômicas passíveis de tributação, somente permite a qualificação do contribuinte de acordo com a identificação da sua capacidade contributiva, enquanto o critério da justiça que agora se sugere autoriza a identificação de outros aspectos relevantes da esfera jurídica do contribuinte, os quais, por certo, são pertinentes à justificação da natureza de inúmeras espécies tributárias.

Por isso, os tributos que seguem uma relação de justiça distributiva podem adotar distintos critérios de qualificação do contribuinte. Desse modo, a igualdade proporcional (geométrica) que se visa a alcançar através da imposição de um tributo que siga um critério de justiça distributiva pode ser medida com base em uma das seguintes variáveis: "de cada um segundo sua manifestação econômica" ou "de cada um segundo o grupo social, profissional ou econômico em que esteja inserido" ou ainda "de cada um segundo a atividade econômica que realiza".[101] Cabe, ainda, destacar que a identificação de uma destas variáveis na qualificação de uma espécie tributária não exclui automaticamente a presença das demais. Isso porque existem tributos que necessitarão ser justificados, simultaneamente, a partir de mais de uma característica específica do contribuinte.

---

[101] Não pretendemos aqui descrever de modo exaustivo todos os critérios da justiça distributiva no campo tributário. Outras formas de se qualificar o contribuinte poderão ser extraídas do texto constitucional. O importante, porém, é que tais variáveis mostram suficientes à classificação das espécies tributárias que aqui se propõe.

A título de exemplo, cabe referir que a Constituição prevê determinadas contribuições que somente podem ser compreendidas plenamente quando o sujeito que sofre a imposição do ônus tributário é qualificado tanto a partir de sua manifestação de riqueza, quanto com base na atividade profissional ou econômica que realiza (*ex vi*, arts. 149, § 2°, III,[102] e 195, I,[103] ambos da CF/88). Vislumbramos, assim, neste ponto, outra vantagem sobre a postura tradicional que se apega restritivamente ao tipo de base econômica sujeita à tributação.

Por outro lado, a *justiça comutativa* ocupa-se das relações transacionais ou de troca (*synallagmata*), nas quais não existe qualquer razão para que os envolvidos sejam, entre si, diferenciados com base em suas qualidades para que seja possível determinar o bem que é devido ou o encargo que deve ser suportado por cada um.[104] Ocupa-se, pois, em estabelecer uma igualdade entre coisas, não entre as pessoas que integram a relação.[105] Nesta espécie de justiça interessa apenas a manutenção do equilíbrio numérico entre os bens e valores

---

[102] "Art. 149 (...) § 2° As contribuições sociais e de intervenção no domínio econômico de que trata o caput deste artigo: (...). II - incidirão também sobre a importação de produtos estrangeiros ou serviços; III - poderão ter alíquotas: a) ad valorem, tendo por base o faturamento, a receita bruta ou o valor da operação e, no caso de importação, o valor aduaneiro; b) específica, tendo por base a unidade de medida adotada".

[103] "Art. 195 (...) I - do empregador, da empresa e da entidade a ela equiparada na forma da lei, incidentes sobre: a) a folha de salários e demais rendimentos do trabalho pagos ou creditados, a qualquer título, à pessoa física que lhe preste serviço, mesmo sem vínculo empregatício; b) a receita ou o faturamento; c) o lucro";

[104] "(...)it makes no diference wether a good man has defrauded a bad man or a bad man a good man, nor whether it is good or a bad man that has commited adultery; the law looks only to the distinctive character of the injury, and treats the parties as equals." (*Nicomachean ethics*, p. 1785).

[105] "(...)não leva em conta os sujeitos da relação igualitária, mas sim as coisas que devem ser igualadas. Em outras palavras, a justiça diortótica, ao contrário da justiça distributiva, à qual importa os méritos das partes, visa apenas a medir impessoalmente o dano e a perda, supondo iguais os termos pessoais." (FERRAZ JUNIOR, Tércio Sampaio. *Estudos de Filosofia do Direito – Reflexões sobre o Poder, a Liberdade, a Justiça e o Direito*. São Paulo: Altas, 2002, p. 187.

compartilhados na relação. Por esta razão, aqui se estabelece um dever de equivalência entre bens e encargos distribuídos, em que se busca uma igualdade absoluta entre as partes, ou seja, independentemente de qualquer qualificação específica dos envolvidos. Não se admite, assim, uma diferenciação dos integrantes da relação que seja baseada em elementos peculiares dos indivíduos envolvidos, devendo a distribuição interna dos bens e encargos ser equivalente em todas as situações e equânime a todos que a ela se sujeitam. Nestes casos, portanto, a adequação do montante atribuído a cada um deve atentar-se à manutenção absoluta do sinalagma interno da própria relação. A justiça comutativa guia-se, dessa forma, sempre por uma proporção aritmética.[106] Por esta razão, afirma Luis Fernando Barzotto:

> Em uma relação de troca entre indivíduos (voluntária ou involuntária), verifica-se a necessidade de uma perfeita identidade entre o que foi dado e o recebido (relação voluntária) ou entre o dano e a indenização (relação involuntária). Isto é, a causa do débito é a equivalência a ser mantida, isto é, a igualdade entre os valores intercambiados pelos indivíduos, como resultado de uma troca voluntária (contrato) ou involuntária (ilícito). Algo é devido na justiça comutativa, a justiça que regula as trocas, em virtude da necessidade de se ter uma equivalência entre prestação e contraprestação, dano e indenização.[107]

A justiça comutativa, visando a uma igualdade absoluta, manifesta-se, pois, na fórmula "a cada um a mesma coisa".[108]

Levando-se tal pré-compreensão para o campo do Direito Tributário, pode-se dizer que uma exigência tributária que manifeste uma relação de justiça comuta-

---

[106] ARISTÓTELES. *Nicomachean ethics*. *The Complete Works of Aristotle*, Vol. II. Estados Unidos da América: Princeton University Press, 1995, p. 1786. AQUINO, Tomás de. *On Law, Morality and Politics*. Estados Unidos da América: Hackett Publishing Company, 1988, p. 167. FINNIS, John. *Natural Law and Natural Rights*. Reino Unido: Oxford University Press, 2000, p. 163 . FERRAZ JUNIOR, Tércio Sampaio. *Estudos de Filosofia do Direito – Reflexões sobre o Poder, a Liberdade, a Justiça e o Direito*. São Paulo: Altas, 2002, p. 190.
[107] BARZOTTO, Luis Fernando, op. cit. 17/56.
[108] Id., ibid.

tiva deverá obrigatoriamente buscar sua justificação na necessidade de se preservar a equivalência estrita entre aquilo que foi entregue pelo Estado e a contraprestação arcada pelo particular, não podendo envolver uma atribuição de encargos fundada aleatoriamente em determinada característica circunstancial do contribuinte.

Tradicionalmente, os tributos chamados *vinculados* pela Teoria do Fato Gerador sempre foram identificados como sendo aqueles cujo aspecto material da hipótese de incidência consistisse em uma atuação do Estado referida ao contribuinte,[109] sendo que a mensuração do tributo devido deveria ser obtida através do destacamento de uma parcela desta mesma atividade estatal prestada.[110] Nessa esteira, afirma Alfredo Augusto Becker:

> Em se tratando de taxa, unicamente o valor do serviço estatal ou coisa estatal poderá ser tomado como a base de cálculo que, depois de convertida em cifra pelo método da conversão, sofrerá a aplicação da alíquota da taxa.[111]

Seguindo a mesma tradição e defendendo uma natureza diametralmente oposta[112] entre impostos e taxas, sustenta Aires Barreto:

---

[109] ATALIBA, Geraldo. *Hipótese de Incidência Tributária*. 6ª ed. São Paulo: Malheiros, 2002, p. 147.

[110] "Se a h.i. (hipótese de incidência) da taxa é só uma atuação estatal, referida a alguém, sua base imponível é uma dimensão qualquer da própria atividade do estado: custo, valor ou outra grandeza qualquer (da própria atividade)." (ATALIBA, Geraldo. *Hipótese de Incidência Tributária*. 6ª ed. São Paulo: Malheiros, 2002, p. 150).

[111] BECKER, Alfredo Augusto. *Teoria Geral do Direito Tributário*. 3ª ed. São Paulo: Lejus, 1998, p. 383.

[112] Não vislumbramos coerência na afirmação de que as espécies tributárias do imposto e da taxas possam ser vistas como realidades opostas. Não há sentido em se dizer que dois tipos de relações formadas entre o Estado e o particular venham a se opor reciprocamente. Na verdade, os vínculos que são formados através de uma ou outra espécie diferenciam-se exclusivamente através de considerações qualitativas. Possuem características internas distintas que, de fato, as separam, mas estas em nenhum momento podem ser vistas sendo como dois extremos de um mesmo pólo. Aliás, não soa correta a afirmação de que um fato-estado seja necessariamente o oposto de um fato-contribuinte.

> A consistência material do imposto é fato lícito, que não uma atuação do Estado, cuja realização no mundo fenomênico se enquadra por inteiro na descrição legislativa hipotética, no caso de tributo não vinculado; já em se tratando da subespécie de tributo vinculado taxa, o aspecto material da hipótese de incidência é fato consistente em atuação estatal; ambos são fatos, mas excludentes um do outro. Poder-se-ia dizer, inclusive, que os confins do primeiro estão onde se cravam as balizas iniciadoras do território do segundo. (...) as posições são absolutamente antagônicas: no imposto, a impulsão é do particular; na taxa, a iniciativa é do Estado.[113]

A identificação da natureza de determinado tipo de tributo a partir de um fato relacionado com o Estado e de uma base de cálculo que esteja apta a medir o montante da correspondente atividade estatal tomada pelo particular mostra-se, na maior parte dos casos, como um critério seguro para se garantir a manutenção da equivalência aritmética entre prestações, o que vem a assemelhá-la com os resultados alcançados quando se justifica tal equivalência a partir da aplicação do critério de justiça comutativa aqui sugerido. Reconhece-se, portanto, que, mais uma vez, os resultados alcançados pela Teoria do Fato Gerador não divergem em larga medida daqueles que se buscam garantir através do novo elemento proposto.

Isso porque a aplicação das espécies de justiça particular no campo tributário não vem a contradizer radicalmente os objetivos e os resultados que já haviam sido concretizados pela Teoria do Fato Gerador. Mesmo que os resultados obtidos sejam bastante semelhantes, não se pode dizer que estes sejam idênticos aos que são alcançados mediante a utilização do critério da justiça. Na verdade, abrimos mão dos conceitos formulados pela doutrina tradicional pelo fato de estes restringirem-se tão-somente às bases econômicas passíveis de tributação,[114] obliterando-se, assim, os reais motivos que

---

[113] BARRETO, Aires. *Base de Cálculo, Alíquota e Princípios Constitucionais*. 2ª ed. São Paulo: Max Limonad, 1998, p. 80/3.

[114] "(...) nas taxas a base de cálculo é única: o valor da atuação estatal. Não há a apuração de base de cálculo para cada fato. Em sendo a base de cálculo

haviam dado fundamento à instituição do tributo. Portanto, fixar a base de cálculo de um tributo vinculado como sendo obrigatoriamente uma parcela da atividade estatal escora-se apenas em uma presunção – na maior parte dos casos verdadeira, não se poderia negar – de que a relação comutativa a ela inerente será preservada. No entanto, a identificação de um determinado tipo de base tributável, pensada e estruturada exclusivamente para resguardar a manutenção da equivalência entre as prestações, não pode ser vista como sendo constitutiva da própria natureza do tributo.[115] O ponto fundamental deste tipo de tributação – que lhe define, pois, a natureza – é a manutenção da proporção aritmética interna à relação tributária, e não, propriamente, os contornos formais que são adotados pela base passível de sofrer a incidência do gravame tributário. Assim, a postura tradicional atém-se estritamente à forma, esquecendo-se, por conseqüência, dos motivos reais que haviam justificado a imposição deste tipo de tributo comutativo, qual seja, o estabelecimento de uma relação de troca equânime entre Estado e contribuinte, através da qual visa-se, exclusivamente, a manter a equivalência aritmética entre a prestação disponibilizada pela entidade estatal e o montante despendido pelo particular.

Defendemos, pois, que a constitucionalidade da lei instituidora de um tributo que siga o critério da justiça comutativa não necessita ser averiguada *exclusivamente* a partir da base de cálculo legalmente estabelecida. A constitucionalidade destes tributos não deve, assim, ser

o valor da atuação do Estado, fato interno à Administração – que nada tem a ver com a atuação do particular, e portanto não toma em conta atributos inerentes ao sujeito passivo ou relativos à matéria sobre a qual se refere a taxa – é fato único, de dimensão única." (BARRETO, Aires, op. cit., p. 89).
[115] Para os defensores da Teoria do Fato Gerador o tipo de base de cálculo é constitutivo da natureza jurídica do tributo: "Destarte, o núcleo – a conferir a natureza jurídica específica do tributo – da 'hipótese realizada' é a medida da atuação estatal, no caso das taxas; nos impostos, a mensuração de fatos lícitos outros, exceto atuação do Estado." (BARRETO, Aires, op. cit., p. 84).

definida a partir de uma *identificação mecânica da base tributável*, em que se perquire tão-somente se esta representa ou não uma parcela da atividade do Estado, disponibilizada ao contribuinte. Na verdade, o elemento fundamental para a validação de um tributo comutativo – e, portanto, definidor da sua constitucionalidade – está no fato de a lei instituidora estabelecer um parâmetro de tributação que esteja apto a preservar a equivalência aritmética entre a prestação fornecida pelo Estado e o montante arcado pelo contribuinte, independentemente da base de cálculo fixada na lei. Somente assumindo-se esta compreensão relacional inerente a todas as espécies tributárias, torna-se possível pretender identificar os reais motivos que justificam a imposição do ônus tributário comutativo. Desse modo, é possível concluir que existirão casos de tributos comutativos em que a base de cálculo disposta na lei não necessitará representar, mecanicamente, uma fração da atividade estatal prestada ao contribuinte, sendo necessário apenas, para a afirmação da sua constitucionalidade, que seja possível justificar-se racionalmente que o seu caráter sinalagmático foi efetivamente observado pelo legislador.[116]

É imperativo alertar, ainda, que não se está a admitir que o legislador esteja autorizado a instituir tributo comutativo, elegendo aleatoriamente qualquer base econômica. Existirão, por certo, determinadas bases tributáveis que jamais se mostrarão adequadas para justificar a preservação da equivalência aritmética entre as prestações internas da relação comutativa. Uma base de cálculo que pretender diferenciar os contribuintes perante a entidade tributante exclusivamente a partir de sua ma-

---

[116] Em sentido absolutamente oposto ao que aqui defendemos: "Impende ter presente que o peso, o volume ou medidas de superfícies, jamais poderão constituir base de cálculo das taxas. Com efeito, a atividade do Estado há de ser valorada quantitativamente em razão de critérios que permitam a conversão em cifra. E o único possível é o do valor da atuação estatal." (BARRETO, Aires, op. cit., p. 86).

nifestação de riqueza não se prestará a qualificar um tributo comutativo. Essa parece ser, aliás, a intenção específica do art. 145, § 2º, da Constituição ao referir a expressão "base de cálculo típica de impostos". Cabe, novamente, repetir que não pretendemos aqui alterar propriamente os resultados que já haviam sido alcançados pela tradicional Teoria do Fato Gerador. Buscamos, na verdade, apenas seja modificado o enfoque assumido pelo intérprete quando da averiguação da constitucionalidade de um tributo comutativo, para que seja questionada, não mecanicamente, a base de cálculo prevista na lei, mas a observância ou não da equivalência das prestações internas da relação mantida entre Estado e contribuinte.

4.3.1. Quadros Comparativos

A) Aspectos internos de uma relação de justiça:

Elementos da justiça	Pertinência ao Direito Tributário
Alteridade	A imposição de qualquer tributo sempre envolve a instauração de uma relação intersubjetiva, formada entre a entidade estatal e o contribuinte.
Atribuição/Imputação	O vínculo relacional inerente a qualquer modelo tributário representa invariavelmente um determinado modo de imputação de um de encargo pecuniário.
Igualdade/Proporcionalidade	Toda espécie de tributo sempre visa a garantir um determinado padrão de igualdade ou de proporção, através do qual é possível fixar parâmetros comparativos entre o encargo tributário sendo imposto e o particular que a ele estará sujeito.

B) Aspectos internos das espécies de justiça particular:

Espécie de justiça particular	Características internas	Pertinência ao Direito Tributário
Justiça Distributiva	**Relação de Qualificação e Diferenciação** Corresponde à atividade de distribuição na qual atribuem-se bens ou encargos aos cidadãos membros da comunidade, de acordo com um critério de justificação racional que se escore em características particulares do próprio destinatário desta distribuição.	Determinadas espécies tributárias podem ser justificadas em razão de uma qualificação específica do particular sofrendo a imputação do ônus, a qual vem a diferenciá-lo daqueles não sujeitos à tributação. A diferenciação do contribuinte se dá a partir de três variáveis: * a sua manifestação econômica * o grupo social, profissional ou econômico em que esteja inserido * a atividade econômica que realiza.
	"De cada um segundo x" (onde x é o critério racional de discrímen);	A constitucionalidade do tributo distributivo é afirmada quando for observado o modo especial de se qualificar o particular que deverá assumir o encargo tributário.
Justiça Comutativa	**Relação de Troca** Ocupa-se das relações transacionais ou de troca (*synallagmata*), nas quais não existe qualquer razão para que os envolvidos sejam, entre si, diferenciados com base em suas qualidades para que seja possível determinar o bem que é devido ou o encargo que deve ser suportado por cada um.	Determinadas espécies tributárias justificam-se por força de uma relação de troca estabelecida entre a entidade estatal e o particular. A constitucionalidade do tributo comutativo é afirmada quando for efetivamente mantida a equivalência aritmética entre as prestações comutadas na relação.
	"De cada um a mesma coisa"	

4.4. Exemplos concretizadores dos tributos qualificados pela perspectiva da justiça

4.4.1. Tributos comutativos

Três exemplos podem ser aqui traçados com o intuito de se demonstrar as dificuldades que são enfrentadas por aqueles que pretendem justificar a constitucionalidade de um tributo supostamente comutativo apenas a partir de uma base de cálculo que descreva nominalmente a parcela da atividade estatal sendo prestada. Como demonstração do raciocínio jurídico que se preocupa, não apenas com o tipo de base tributável prevista na norma, mas com o tipo de vínculo relacional inerente a um tributo comutativo, invocamos dois casos concretos que afirmam a necessidade constitucional de se preservar uma relação de comutação entre contribuinte e Estado e invocamos ainda um precedente do Supremo Tribunal Federal que nega a presença deste traço sinalagmático na configuração constitucional de um tributo tido por muitos como comutativo.

Em primeiro lugar, cabe citar o caso da Taxa de Classificação de Produtos Vegetais.

A referida taxa foi instituída pelo Decreto-Lei nº 1.899/81 e veio a ser cobrada em razão do exercício do poder de polícia quando da "classificação, inspeção e fiscalização, de competência do Ministério da Agricultura, relativas a produtos animais e vegetais ou de consumo nas atividades agropecuárias" (art. 1º). O montante devido a título dessa taxa de polícia era fixado em 2 ou 4 ORTN com base no número de toneladas ou frações sujeitas à classificação ou reclassificação (art. 2º, III).

Caso a constitucionalidade desse tributo seja analisada a partir da postura restritiva, que compreende os tributos apenas mediante a identificação de um determinado tipo de base de cálculo,[117] a Taxa de Classificação de Produtos Vegetais criada pelo Decreto-Lei nº 1.899/81 é automaticamente apontada como sendo inválida, ao argumento de que a tonelagem do produto vegetal objeto de classificação jamais poderá ser descrita como sendo a parcela de um fato relacionado diretamente à atividade estatal. Exemplo deste modo de argumentação é a opinião de Paulo de Barros Carvalho sobre o caso:[118]

> De pronto, verifica-se que a base de cálculo não mantém conexão com a hipótese de incidência, por não ostentar qualquer proposta dimensionadora da intensidade da participação do Estado. Ao contrário, preocupa-se com critérios relativos à proporção do fato realizado pelo contribuinte, dado que não se pode admitir quando nos ocupamos da figura jurídica da taxa. A tonelagem não mede, nem pode pretender medir o custo da atuação estatal. Por decorrência, a cobrança de um número de UFIRs ou um valor monetário fixo por tonelagem ou fração do produto, longe está de ser considerado grandeza adequada para mensurar a atividade estatal pertinente a essa suposta "taxa". Sucede que a tonelagem dos produtos adquiridos ou vendidos pelo contribuinte é fator estranho à atividade do Poder Público.

Verifica-se, pois, que a postura que se apega restritivamente ao tipo de base tributável conclui, de pronto, pela invalidade do tributo comutativo, sem sequer questionar-se se a base de cálculo eleita pelo legislador seria ou não apta a manter a equivalência aritmética entre a prestação fornecida pelo Estado e o montante pago pelo contribuinte. Curiosamente, no sentido contrário ao defendido por Paulo de Barros Carvalho e, aparentemente, justificando a constitucionalidade da taxa em razão de

---

[117] "(...) o fundamento existencial das taxas só pode encontrar-se em função da atividade estatal, imediatamente vinculada ao contribuinte. Nestes tributos vinculados, só há uma base de cálculo juridicamente possível: o valor da atuação do Estado, inserta no miolo da hipótese de incidência." (CARVALHO, Paulo de Barros, Base de Cálculo como Fato Jurídico e a Taxa de Classificação de Produtos Vegetais. In *Revista Dialética de Direito Tributário* nº 37, 1998, p. 130).

[118] CARVALHO, Paulo de Barros, Base de Cálculo como Fato Jurídico e a Taxa de Classificação de Produtos Vegetais. In *Revista Dialética de Direito Tributário* nº 37, 1998, p. 132.

ter sido observada, no caso, a sua natureza comutativa, está a linha de argumentação de Roque Carrazza:[119]

> A taxa de classificação de produtos vegetais é incontendivelmente uma taxa de polícia. (...) I) Realizando a classificação, a União, (...), exerce controle sobre os produtos vegetais, subprodutos e resíduos destinados à comercialização interna. Exercita, pois, seu poder de polícia, atendendo, destarte, a determinações constitucionais. II) O exercício do poder de polícia só pode ser remunerado por meio de taxa específica: a taxa de polícia. III) A base de cálculo da taxa de classificação é correta e adequada, apesar de levar em conta a tonelagem de produtos vegetais a serem classificados. É que a quantidade de tais produtos interfere no exercício do poder de polícia federal, que se traduz na classificação de produtos vegetais, para fins de comercialização. Melhor esclarecendo, a classificação em tela não é feita, retirando-se, a esmo, uma amostra, de todo o lote, independentemente de seu volume. Pelo contrário, é feita por meio da retirada de amostras, em várias partes do lote analisado, justamente para que se obtenha real representatividade do estado em que ele se encontra. Portanto, *quanto maior o volume (tonelagem) de produtos vegetais, maiores as despesas (custos)*, para a realização do ato de polícia que se materializa na classificação (grifou-se).

Não se tem a intenção de aqui defender precisamente a validade ou a invalidade da referida Taxa de Classificação (o exemplo é invocado meramente para fins ilustrativos). A intenção, na verdade, é apenas a de demonstrar que o juízo de constitucionalidade de um tributo comutativo não deve se ater restritivamente à base de cálculo prevista na lei, sob pena de, em determinadas situações, se afirmar mecanicamente a sua nulidade, sem, em nenhum momento, se ter perquirido sobre a manutenção da equivalência numérica entre a prestação estatal e o encargo assumido pelo particular.

A base tributável escolhida pelo legislador deve ser sempre compreendida como sendo apenas uma formalização parcial da realidade, a qual vem tão-somente a representar um indício generalizador de que um vínculo comutativo estará sendo razoavelmente preservado

---

[119] CARRAZZA, Roque Antonio, Considerações Acerca da Taxa de Classificação de Produtos Vegetais. *In Revista Dialética de Direito Tributário* nº 27, janeiro/98, p. 116.

através da tributação deste substrato econômico. Assim, a base tributável que se formaliza na regra tributária manterá sua legitimidade, não porque retrata mecanicamente um fato estatal, mas porque a sua utilização vem a garantir que estará sendo preservada, na maior parte dos casos, uma equivalência média de prestações entre Estado e contribuinte.

O raciocínio correto aparenta ser, pois, aquele em que se questiona se a base de cálculo eleita pelo legislador está apta ou não a medir e justificar (mesmo que presumidamente) a equivalência de prestações cambiadas entre o Estado que fiscaliza e o contribuinte que se sujeita a este tipo de atuação estatal. A base de cálculo do tributo, ao fotografar uma parcela da atuação estatal, muitas vezes formaliza adequadamente o tipo de relação comutativa que é desejada através das taxas. Por esta razão, a análise interna da base de cálculo não necessita ser desprezada, mas deve ser compreendida, na maior parte dos casos, como uma técnica instrumental útil e eficaz na identificação da preservação da relação comutativa visada através deste tipo de tributo. O que deve ser evitado, porém, é um tipo de postura que pensa, em primeira e última instância, tão-somente no instrumento formal e facilitador de compreensão do fenômeno tributário, obliterando por completo do seu raciocínio os reais motivos que justificaram a formação do vínculo tributário de tipo comutativo.

A segunda situação concreta que se presta a ilustrar a insuficiência da análise formal da base de cálculo para se justificar a validade de um tributo comutativo extrai-se da decisão proferida pelo **Supremo Tribunal Federal** quando do julgamento do RE 177.835-1/PE,[120] em que a Corte veio a afirmar a constitucionalidade da Taxa de Fiscalização dos Mercados de Títulos e Valores Mobiliá-

---

[120] STF, RE 177835-1/PE, Pleno, Ministro Carlos Velloso, maioria, 22/04/99.

rios (Taxa da CVM). A Lei nº 7.940/89, instituidora do tributo, veio a estabelecer que a taxa cobrada deveria variar de acordo com o patrimônio líquido daqueles sujeitos à fiscalização da CVM. Os recorrentes impugnavam a validade do tributo comutativo, alegando que a lei tributária havia elegido, para a taxa, uma base de cálculo típica de imposto (o patrimônio líquido do contribuinte), o que violava o artigo 145, § 2º, da Constituição. No entanto, tal argumento não foi acolhido pelo Ministro Carlos Velloso, relator do acórdão, que apresentou voto sucinto fazendo menção à decisão tomada pelo Tribunal *a quo*, na qual se afirmava a necessidade de o tributo variar de acordo com o volume de fiscalização a que se sujeitava a empresa, bem como se reconhecia a possibilidade de aplicação do princípio da capacidade contributiva às taxas.[121]

No entanto, foi somente após a apresentação de voto divergente pelo Ministro Marco Aurélio que se apreciou com profundidade a legitimidade da base de cálculo eleita pela Lei nº 7.940/89, não mais se atendo aos aspectos formais da regra tributária, mas questionando concreta e empiricamente se o patrimônio líquido do contribuinte prestava-se ou não à manutenção da equivalência aritmética entre prestações. Defendendo a necessidade de o valor cobrado a título de taxa estar ligado, em si, a dispêndio assumido pela administração, apontou o Ministro Marco Aurélio a inadequação da

---

[121] Vejam os seguintes excertos do voto do Ministro Velloso: "O estabelecimento de classes de contribuintes, além de lógico, é um critério eqüitativo acima de tudo. Uma grande empresa certamente requisitará mais a atividade fiscalizadora da Comissão de Valores Mobiliários do que uma pequena empresa. A existência de uma taxa de valor único, para todo o amplo espectro de empresas, não iria senão agravar o encargo para as de menor porte. (...) O que a lei procura realizar, com a variação do valor da taxa, em função do patrimônio líquido da empresa, é o princípio da capacidade contributiva (...) Não há impedimento, entretanto, na tentativa de aplicá-lo [o artigo 145, § 1º, da CF] relativamente à taxas, principalmente quando se tem taxa de polícia (...)".

utilização do patrimônio líquido da empresa como critério apto a auferir o custo efetivamente assumido pelo Estado no exercício do poder de polícia.[122] Para reforçar seu argumento, formulou o Ministro exemplo concreto de uma empresa com patrimônio líquido ínfimo, mas que, de qualquer modo, poderia exigir intensa fiscalização estatal:

> O tributo surge fixado em valor global, e o que se deve levar em conta é que este último nada tem a ver com a atividade desenvolvida. Tome-se como exemplo situação de pessoa jurídica cujo patrimônio líquido seja praticamente zero. Nem por isso deixará de ser exercido o poder de polícia, acarretando este último dispêndio para a administração.

Não obstante as considerações levantadas no voto divergente do Ministro Marco Aurélio, os demais Ministros do STF vieram a entender que o critério da variação da taxa progressiva devida à CVM escorava-se em uma *presunção razoável* de que, quanto maior o volume de atividade de uma empresa na Bolsa de Valores, maior o seu patrimônio líquido e, conseqüentemente, maior a atividade de fiscalização a que esta estaria sujeita. Acabou-se por entender, assim, que o legislador tributário não almejou propriamente diferenciar contribuintes de acordo com a manifestação pessoal de riqueza, mas teve este, na verdade, apenas a intenção de destacar o patrimônio líquido de empresas como um critério adequado para se medir o custo despendido pelo Estado na atividade de fiscalização. Aliás, tal conclusão foi alcançada após intenso debate entre os Ministros daquela Corte, no qual se discutiu, não se a base de cálculo indicada na lei moldava-se formalmente ou não a um determinado tipo tributário (imposto ou taxa), mas se a variável de apuração do tributo comutativo estaria habilitada a

---

[122] "É de indagar-se: qual a relação entre o poder de polícia e o patrimônio líquido do contribuinte? Inexiste elo que justifique o cálculo a partir da saúde da empresa. Aliás, surge até mesmo um contra-senso: quanto menor esta última, maior, presume-se a necessidade de fiscalização. Em síntese, o patrimônio líquido, considerada a ordem natural das coisas, não serve para dimensionar o dispêndio, pela administração, no exercício do poder de polícia."

manter, em um número razoável de casos, a equivalência das prestações alternadas entre entidade tributante e particular. Cabe transcrever alguns trechos deste debate:

> O SR. MINISTRO NELSON JOBIM: Sr. Presidente, ousaria discordar do Ministro Marco Aurélio em relação ao exemplo dado. Sua Excelência diz que teríamos uma grande corretora com um grande patrimônio líquido sem operação.
> O SR. MINISTRO MARCO AURÉLIO: Não, o exemplo é outro: uma corretora com pouco movimento, mas um patrimônio líquido vultoso; e uma corretora com grande movimento, mas com um patrimônio líquido pequeno.
> O SR. MINISTRO NELSON JOBIM: A hipótese não é verificável, porque as operações de Bolsa, em relação às corretoras dependem do patrimônio líquido das mesmas, para efeito da garantia dos seus negócios. Então, ela terá uma atividade comercial na Bolsa proporcional à capacidade que tenha de garantir os negócios dos quais participa, ou seja, patrimônio líquido é condição, inclusive, da participação dos negócios na Bolsa. (...) É o patrimônio líquido (...) um critério pelo qual se possa auferir o tipo de serviço prestado, considerando a circunstância de que, quanto maior o patrimônio líquido, maior a atividade desenvolvida na Bolsa, porque é condição para essa atividade a garantida do seu patrimônio.
> (...)
> O SR. MINISTRO MARCO AURÉLIO: Ministro Nelson Jobim, a grandeza do patrimônio líquido revela a saúde da empresa.
> O SR. MINISTRO NELSON JOBIM: Não necessariamente.
> O SR. MINISTRO MARCO AURÉLIO: Revela. Quanto mais saudável a empresa, presume-se que menor necessite ser a fiscalização.
> O SR. MINISTRO NELSON JOBIM: Pelo contrário, mais precisa a verificação da correção dos atos e do balanço.
> (...)
> O SR. MINISTRO ILMAR GALVÃO: Se a CVM tem a função de fiscalizar a situação da empresa, parece óbvio que a sua atividade aumenta na ordem direta da dimensão da empresa fiscalizada, justificando-se, pois, a variação da taxa em razão do patrimônio.
> (...)
> O SR. MINISTRO MOREIRA ALVES: Supõe-se que haja mais serviço para a fiscalização quanto maior for a empresa.

Verifica-se, pois, que o raciocínio desenvolvido pela Corte não se ateve apenas ao questionamento formal acerca dos tipos de bases econômicas que poderiam ser tributadas através de uma taxa. Na verdade, utilizou-se de uma linha de argumentação baseada em um juízo de justiça comutativa, no qual, conforme já dito, interessa primordialmente tenha sido preservado ou não pelo legislador tributário o caráter sinalagmático do tributo.[123]

Por fim, cabe citar outro precedente jurisprudencial que se mostra paradigmático exatamente porque envolve situação em que o Supremo Tribunal Federal, quando da averiguação de constitucionalidade do tributo, veio a negar a esta exação o caráter sinalagmático que até então era tido como inegável, tanto por parte da população em geral, quanto por parte de parcela considerável do estamento jurídico pátrio. Estamos a nos referir à contribuição de Seguridade Social incidente sobre proventos de aposentadorias e pensões, instituída pela Medida Provisória nº 167/2004, com base na Emenda Constitucional nº 41/2003.[124]

Com o advento da Emenda Constitucional nº 41, de 19 de dezembro de 2003, profundas alterações foram realizadas na estruturação da Seguridade Social, especialmente no que tange ao seu regime de custeio através da tributação, bem como em relação às regras específicas da previdência social.

O *caput* do art. 40 da Constituição, em sua nova redação, veio tanto a consagrar, de modo expresso, o caráter solidário dos regimes de previdência dos servi-

---

[123] Pessoalmente, discordamos do resultado final alcançado pelo Supremo Tribunal Federal quando do julgamento do RE 177.835-1/PE, não obstante defendamos como correto o tipo de raciocínio utilizado pela Corte naquele caso. Ora, não se mostra para nós sequer genericamente razoável (a expressão foi adotada no voto do Ministro Moreira Alves) a eleição do patrimônio líquido da empresa como critério apto a medir a intensidade da atividade de fiscalização da CVM. Para nós, a presunção de que esse patrimônio da empresa traduza o volume de operações na Bolsa é por demais frágil. Aliás, o exemplo concreto traçado pelo Ministro Marco Aurélio, em seu voto divergente, demonstra a fragilidade da presunção estabelecida na lei tributária.
[124] STF, ADIn 3128 - DF, Tribunal Pleno, Relator para o Acórdão o Ministro Cezar Peluso, Maioria, DJ 18/02/2005.

dores públicos federais, estaduais, distritais e municipais, quanto autorizar a criação de contribuição social de inativos e pensionistas. O novo § 18° do mesmo dispositivo constitucional indicou a base de cálculo e a alíquota que deveriam ser observadas na instituição da nova exação, ao determinar sua incidência "sobre os proventos de aposentadoria e pensões concedidas pelo regime de que trata este artigo que superem o limite máximo estabelecido para os benefícios do regime geral de previdência social de que trata o art. 201, com percentual igual ao estabelecido para os servidores titulares de cargos efetivos".

De todos os argumentos jurídicos ventilados no sentido de justificar a invalidade desta nova forma de tributação, aquele que mais se fez presente no debate público foi o da violação a direito adquirido dos aposentados e pensionistas. Afirmou-se que a cobrança desta nova contribuição social estaria afrontando o direito subjetivo daquele que já havia, no passado, plenamente integralizado ao seu patrimônio determinado benefício previdenciário, o qual não poderia mais ser atingido financeiramente, não por qualquer tributo, mas por este tipo particular de exação que, em sua essência, se prestaria tão-somente a remunerar, em equivalência, um conjunto de prestações adquiridas perante o sistema de previdência. Assim colocado o argumento, constata-se que a questão disputada não envolveu apenas a invocação formal da existência de direito adquirido, mas tratou de indagar se seria ou não constitucionalmente válida a pretensão de o Estado manter com seus aposentados e pensionistas uma relação securitária que não fosse estritamente comutativa, ou seja, que impusesse uma tributação que não mais estivesse a manter a equivalência aritmética entre o montante cobrado e os benefícios estatais disponibilizados.

De pronto, já se constata que o raciocínio que se apega apenas ao tipo de base de cálculo eleita pelo legislador não estará apto a indicar, neste caso, um critério de validação que efetivamente abarcasse todos os aspectos relevantes que necessitariam ser enfrentados para uma resolução satisfatória deste complexo debate jurídico. No caso, perquirir-se apenas sobre o fato de a nova exação incidir "sobre os proventos de aposentadoria e pensões concedidas pelo regime", muito pouco auxiliaria no enfrentamento da questão central que foi apreciada pelo Supremo Tribunal Federal. Por esta razão, outro tipo de raciocínio necessitaria ser, nesta situação, estruturado; um que questionasse a existência ou não, em nossa realidade constitucional, de um sistema securitário que fosse estritamente contraprestacional – tal como afirmavam aqueles que se entendiam lesados –, ou seja, uma forma de deliberação jurídica que analisasse concretamente a presença ou não, em nosso modelo de Seguridade Social, de uma relação de *justiça comutativa*.

Aparentemente ciente desta insuficiência, o Ministro Cezar Peluso – cujo voto veio a direcionar as decisões dos demais Ministros na formação do acórdão final proferido pela Corte Suprema – elaborou, entre suas razões de decidir, o argumento no sentido de que o sistema securitário vigente sob a égide da Constituição de 1988 não se assemelhava àquele presente no ordenamento jurídico do Chile. Este estilo de argumentação poderia estranhar àqueles acostumados a ver como válida tão-somente a fundamentação jurídica que estivesse a dissecar e descrever os aspectos lógicos da regra tributária impositiva. No entanto, a análise comparativa desenvolvida pelo Ministro Peluso mostrou-se fundamental para a apreensão dos verdadeiros motivos constitucionais que animam o tipo de relação tributária que se almeja concretizar através da imposição de contribuições de Seguridade Social.

Por isto, destacou o Ministro Peluso que, no contexto constitucional chileno, haveria um sistema previdenciário moldado a partir de uma mentalidade contratual e de capitalização financeira, de acordo com o qual o contribuinte formaria individualmente uma poupança, a qual seria composta pelos depósitos compulsórios efetuados durante determinado período, até o momento em que estivesse ele habilitado a receber do Estado os benefícios equivalentes ao montante total acumulado neste interstício. Por outro lado, conforme segue o raciocínio do Ministro Peluso, na realidade constitucional brasileira, o sistema protetivo vigente desde a promulgação da Constituição de 1988 jamais veio a atribuir às relações securitárias esta dimensão privada e tipicamente negocial. Ao contrário, a Seguridade Social prevista na Constituição de 1988 possui traços simultaneamente contributivos e solidários, indicando, com isso, que toda a sociedade brasileira está potencialmente indicada a ser chamada a custear esta finalidade de ordem pública. Assim, sendo solidário nosso sistema securitário, não procederia a alegação daqueles que defendiam a invalidade da Emenda Constitucional nº 41/03, ao argumento de que haveria ela rompido com a natureza comutativa no custeio dos benefícios da Seguridade Social (algo que jamais existiu).

Cabe, para melhor ilustrar o ponto, transcrever excerto do voto do Ministro Cezar Peluso:

> (...) enganam-se [os demandantes] ainda ao pressupor ao regime previdenciário constitucional, como premissa indisfarçável do raciocínio, um cunho eminentemente capitalizador e contributivo, entendido segundo a matriz da relação jurídica de direito privado, de perfil negocial ou contratual, que é domínio dos interesses patrimoniais particulares e disponíveis.
>
> *Sua lógica está em que, se o servidor contribuiu durante certo período, sob hipotética promessa constitucional de contraprestação pecuniária no valor dos vencimentos durante a aposentadoria, teria então, ao aposentar-se, direito adquirido, ou adquirido direito subjetivo a perceber proventos integrais. Desconto da contribuição, pelo outro contraente, tipificaria aí redução, sem causa jurídica, do valor da contraprestação pré-acordada.*

Ninguém tem dúvida, porém, de que o sistema previdenciário, objeto do art. 40 da Constituição da República, não é nem nunca foi de natureza jurídico-contratual, regido por normas de direito privado, e, tampouco de que o valor pago pelo servidor a título de contribuição previdenciária *nunca foi nem é prestação sinalagmática, mas tributo predestinado ao custeio da atuação do Estado na área da previdência social, que é terreno privilegiado de transcendentes interesses públicos ou coletivos.*

18. O regime previdenciário público tem por escopo garantir condições de subsistência, independência e dignidade pessoais ao servidor idoso, mediante o pagamento de proventos da aposentadoria durante a velhice, e, conforme o art. 195 da Constituição da República, deve ser custeado por toda a sociedade, de forma direta e indireta, o que bem poderia chamar-se princípio estrutural da solidariedade.

Diferentemente do Chile, cujo ordenamento optou por regime essencialmente contributivo e capitalizador, em que cada cidadão financia a própria aposentadoria contribuindo para uma espécie de fundo de capitalização, administrado por empresas privadas, com fins lucrativos(21), nosso constituinte adotou um regime público de solidariedade, em cuja organização as contribuições são destinadas ao custeio geral do sistema, e não, a compor fundo privado com contas individuais.

Os servidores públicos em atividade financiavam os inativos e, até à EC nº 3/93, os servidores ativos não contribuíam, apesar de se aposentarem com vencimentos integrais, implementadas certas condições. A EC nº 20/98 estabeleceu regime contributivo e, com coerência, obrigou à observância do equilíbrio financeiro e atuarial, enquanto princípios mantidos pela EC nº 41/2003.

Teria, com isso, a Emenda instituído regime semelhante ou análogo ao chileno? A resposta é imediatamente negativa.

O regime previdenciário assumiu caráter contributivo para efeito de custeio eqüitativo e equilibrado dos benefícios, mas sem prejuízo do respeito aos objetivos ou princípios constantes do art. 194, § único, quais sejam: i) universalidade; ii) uniformidade; iii) seletividade e distributividade; iv) irredutibilidade; v) equidade no custeio; vi) diversidade da base de financiamento. Noutras palavras, forjou-se aqui um regime híbrido, submisso a normas de direito público e caracterizado, em substância, por garantia de pagamento de aposentadoria mediante contribuição compulsória durante certo período, o que lhe define o predicado contributivo, sem perda do caráter universal, seletivo e distributivo.

Os elementos sistêmicos figurados no "tempo de contribuição", no "equilíbrio financeiro e atuarial" e na "regra de contrapartida" não podem interpretar-se de forma isolada, senão em congruência com os princípios enunciados no art. 194, § único, da Constituição.

Da perspectiva apenas contributiva (capitalização), seria inconcebível concessão de benefício previdenciário a quem nunca haja contribuído (universalidade e distributividade) e, muito menos, preservação do valor real da prestação (irredutibilidade do valor) e sua revisão automática proporcional à modificação da remuneração dos servidores em atividade (art. 7º da EC nº 41/2003), o que, na aguda percepção do Min. OCTÁVIO GALLOTTI, importa, não mera atualização, mas elevação do valor intrínseco da verba. Não é esse o perfil de nosso sistema previdenciário. (grifou-se)

Constata-se que o Ministro Peluso, em seu voto, veio a desenvolver expressamente um raciocínio no qual perguntou-se sobre o tipo de relação de justiça que estaria pressuposta naquela espécie tributária, não se restringido, por outro lado, à análise formal da base tributável prevista na lei instituidora da contribuição sendo atacada.[125]

Assim, o terceiro exemplo citado presta-se, mais uma vez, a demonstrar que, em determinadas situações, a atitude de se ater restritivamente ao aspecto material da hipótese de incidência não será suficiente para uma resolução adequada dos conflitos jurídicos. Por outro lado, conforme buscamos demonstrar através destes três casos concretos acima referidos, aparenta dar conta desta lacuna argumentativa aquele questionamento que se proponha a averiguar qual o tipo de vínculo jurídico que deve ser preservado através de determinado tributo (um que admita a diferenciação dos seus sujeitos de acordo com suas qualidades ou um que simplesmente busque preservar a equalização das prestações ofertadas pelas partes).

4.4.2. *Tributos distributivos*

Do mesmo modo como realizado em relação aos tributos comutativos, cabe apresentar alguns exemplos que demonstrem o modo de concretização de uma

---

[125] Para uma análise mais extensa da natureza da contribuição de inativos e pensionistas, vide o nosso artigo, escrito em co-autoria com Leandro Paulsen, *"A Nova Contribuição de Inativos e Pensionistas"* (*Revista Dialética de Direito Tributário* nº 106, julho/2004).

relação de justiça distributiva nas espécies tributárias que, de acordo com o nosso ordenamento constitucional, assumem tipicamente este traço.

Em primeiro lugar, cabe citar aquele que seria o caso central dos tributos distributivos, ou seja, a espécie na qual a diferenciação dos contribuintes sujeitos à imposição tributária está escorada primordialmente em um indicativo de riqueza do particular. Estamos a nos referir aos *Impostos*, tal como indicados nos artigos 153, 155 e 156, da Constituição de 1988. Em todas estas hipóteses, o texto constitucional indica, com precisão, qual a parcela estática ou dinâmica da realidade econômica privada que estará habilitada a estabelecer, com propósitos tributários, uma diferenciação entre particulares. Desse modo, nesta espécie de tributo, atrai-se o indivíduo para dentro de uma relação jurídico-tributária exatamente porque este pode ser qualificado a partir de uma manifestação estática de parcela do seu patrimônio (ser proprietário de imóvel urbano ou rural, ser proprietário de veículo automotor etc.) ou a partir de uma ação sua que reflita determinada disponibilidade de riqueza (auferir renda, realizar operações de circulação de mercadorias, transmitir, por ato oneroso, bens imóveis etc.). Nestas duas situações, temos uma tributação que diferencia contribuintes com base no critério distributivo que segue a máxima "de cada um segundo sua manifestação econômica", a qual encontra-se corporificada em nosso sistema constitucional através do princípio da capacidade contributiva (*ex vi*, artigo 145, § 1º).[126] Aliás, o exercício da competência tributária instituidora de um imposto poderia ser compreendido como sendo uma forma de *especificação e delimitação legal*

---

[126] Para uma análise aprofundada do princípio da capacidade contributive, vide ÁVILA, Humberto, *Sistema Constitucional Tributário*, São Paulo: Saraiva, 2004, p. 355. Sobre o tópico, vide, ainda, TIPKE, Klaus; YAMASHITA, Douglas. *Justiça Fiscal e o Princípio da Capacidade Contributiva*. São Paulo: Malheiros, 2002.

daquele critério de discrímen previsto na Constituição com o intuito de legitimamente diferenciar contribuintes de não-contribuintes. Será, pois, sempre inválida a lei instituidora de um imposto quando esta ultrapassar o critério de diferenciação tributária estabelecido no texto constitucional através da indicação conceitual de determinada parcela econômica pertencente ao particular. Assim, o critério de diferenciação tributária estará sendo desrespeitado, no caso dos impostos, quando a lei pretender incluir, forçosamente, na categoria dos que devem se sujeitar à imposição do ônus tributário – ao manifestarem concretamente a parcela patrimonial indicada na Constituição – aqueles particulares que em nenhum momento poderiam ser qualificados legitimamente a partir deste mesmo indicativo de riqueza.[127]

Para ilustrar tal afirmação, poderíamos citar o caso da tributação de parcelas indenizatórias através do imposto sobre a renda. Os tribunais pátrios, de modo praticamente uníssono, já definiram que sobre as verbas tipicamente indenizatórias não há incidir o imposto de renda.[128] A forma mais comum de se justificar a ilegitimidade desta incidência tributária é apontar que o conceito de renda e proventos de qualquer natureza,[129]

---

[127] A perspectiva aqui proposta em nenhum momento nega valor ao aspecto material da hipótese de incidência na averiguação da validade dos impostos. Na verdade, em se tratando especificamente deste tipo de tributo, os resultados teóricos e práticos almejados através da aplicação do critério da justiça aqui proposto serão idênticos (ou ao menos bastante aproximados) àqueles já alcançados pela tradicional Teoria do Fato Gerador.

[128] Os inúmeros debates jurídicos envolvendo a incidência de imposto de renda sobre prestações indenizatórias poderiam ser sintetizados em três súmulas do Superior Tribunal de Justiça: Súmula 125: O *pagamento de ferias não gozadas por necessidade do serviço não esta sujeito à incidência do imposto de renda* (DJ 15/12/1994); Súmula 136: O *pagamento de licença-prêmio não gozada por necessidade do serviço não está sujeito ao imposto de renda* (DJ 16/05/1995); Súmula 215: A *indenização recebida pela adesão a programa de incentivo à demissão voluntária não está sujeita à incidência do imposto de renda* (DJ 04/12/1998).

[129] Sobre o conceito de renda, vide ÁVILA, Humberto, *Sistema Constitucional Tributário*, São Paulo: Saraiva, 2004, p. 365; e DERZI, Misabel Abreu Machado. Os Conceitos de Renda e de Patrimônio. Belo Horizonte: Del Rey, 1992.

tal como fixado no artigo 43 do CTN, não alcança a definição corrente de indenização.[130] Indenizar, pois, não seria conceitualmente o mesmo que auferir renda. Trilhando precisamente este mesmo raciocínio, mas adotando-se o critério da justiça distributiva aqui proposto, poderíamos suscitar a invalidade desta forma de tributação, apontando que a lei tributária do imposto sobre a renda promove uma diferenciação dos particulares que se sujeitarão a esta exigência pecuniária ao qualificá-los a partir de um traço específico de sua patrimonialidade, qual seja, *a aquisição de disponibilidade econômica ou jurídica de renda e de proventos de qualquer natureza*. É este, pois, o critério de discrímen tributário legitimado pelo texto constitucional através do qual se promove a diferenciação entre contribuintes e não-contribuintes do imposto sobre a renda. Seria através deste elemento diferenciador que o ônus tributário representado no imposto sobre a renda estaria sendo distribuído qualitativamente pelo Estado entre os indivíduos presentes na sociedade. Ora, aquele que recebe indenização não está empírica nem conceitualmente incluído dentro desta mesma categoria, já que não faz ingressar em seu patrimônio nenhuma riqueza nova. Na verdade, o indenizado experimenta aumento momentâneo de riqueza com o intuito exclusivo de recompor a integridade do seu patrimônio que foi abalada por algum prejuízo material passado ou por uma potencial diminuição econômica futura. Assim, aquele que é indenizado e aquele que aufere renda nova não manifestam, em realidade, o mesmo traço patrimonial passível de sofrer tributação. É exatamente por este motivo que não está autorizada a lei tributária do imposto sobre a renda a

---

[130] Sobre conceito de indenização, vide MACHADO, Hugo de Brito. *Âmbito constitucional e fato gerador do tributo. Imposto de renda, contribuição sobre o lucro e Cofins. Indenização por perdas e danos materiais. Hipótese de não-incidência.* São Paulo: Revista Dialética de Direito Tributário nº 53, fevereiro de 2000.

qualificá-los do mesmo modo nem a distribuir entre eles o mesmo ônus tributário.

Idêntico raciocínio deve ser aplicado aos empréstimos compulsórios, já que em relação a eles o vínculo tributário também será formado a partir de um traço patrimonial que qualifica o contribuinte, diferenciando-o daqueles não sujeitos à imposição tributária.

No caso da espécie tributária consagrada no artigo 148 da Constituição, temos situação em que o texto constitucional não enunciou qualquer tipo de fato econômico que deva ser observado pelo legislador tributário quando da criação deste tributo.[131] Não obstante o silêncio constitucional, alguns autores afirmam que seria possível, por exclusão, atribuir aos empréstimos compulsórios um tipo específico de fato gerador (*não vinculado a uma atuação estatal*), o qual deveria ser obrigatoriamente seguido, sob pena de invalidação da lei tributária.[132] De acordo com tal postura, poder-se-ia traçar um critério de validação para os empréstimos compulsórios que fosse baseado em um tipo específico de hipótese de incidência. Isto levaria à rejeição, por inconstitucional, de um empréstimo compulsório que fosse instituído a partir de fato tributário relacionado a uma atividade estatal.[133] No entanto, entendemos que não há como se extrair do texto constitucional esta leitura restritiva.

---

[131] AMARO, Luciano. *Direito Tributário Brasileiro*. 2ª ed. São Paulo: Saraiva, 1998, p. 51; GRECO, Marco Aurélio. *Contribuições (uma figura "sui generis")*. São Paulo: Dialética, 2000, p. 134; ÁVILA, Humberto. *Sistema Constitucional Tributário*. São Paulo: Saraiva, 2004 p. 266.

[132] MARQUES, Márcio Severo. *Classificação Constitucional dos Tributos*. São Paulo: Editora Max Limonad, 2000, p. 188; SANTI, Eurico Marcos Diniz de. *As Classificações no Sistema Tributário Brasileiro*. In Justiça Tributária. São Paulo: Max Limonad, 1998, p. 141.

[133] "É um contra-senso pensar em empréstimo compulsório com hipótese tributária de taxa." (SANTI, Eurico Marcos Diniz de. *As Classificações no Sistema Tributário Brasileiro*. In Justiça Tributária. São Paulo: Max Limonad, 1998, p. 141).

Aparenta ser arbitrária e infundada a tentativa de se delimitar o escopo fático que estaria autorizado pela Constituição a dar ensejo à cobrança válida do empréstimo tributário. Isso porque o ordenamento constitucional em nenhum momento impôs requisito tão estanque no que se refere à materialidade do fato gerador deste modelo tributário. Ao contrário, deixou-o com abertura máxima, ao abster-se de definir qualquer tipo hipótese de incidência.[134] Na verdade, as exigências constitucionais mais rigorosas para a criação legítima do empréstimo compulsório se fazem presentes em outros elementos essenciais desta espécie tributária (*finalidade específica, ocorrência de evento tipificado na Constituição como requisito prévio ao exercício da competência tributária e restituição do montante recolhido*), os quais serão mais adiante explicitados.

De qualquer modo, o que, neste momento, pode ser afirmado em relação aos empréstimos compulsórios, com prudência e segurança, é apenas que estes devem seguir um critério de justiça distributiva, na medida em que os vínculos tributários surgidos a partir deste tipo de imposição tributária sempre estarão diferenciando e qualificando contribuintes. Dito isto, também se pode afirmar com relativa tranqüilidade que jamais estará sendo promovida através desta espécie tributária uma relação de troca de prestações equivalentes entre o Estado e os contribuintes. Em outras palavras, pode-se

---

[134] Por esta razão, não vislumbramos, *a priori*, uma inconstitucionalidade imanente na criação de um empréstimo compulsório que viesse a ser cobrado apenas daqueles particulares que utilizassem um determinado serviço público. Neste caso, a utilização do serviço público seria o critério diferenciador dos particulares para fins de distribuição do ônus tributário. Aliás, poder-se-ia interpretar o caso do empréstimo compulsório em favor das Centrais Elétricas Brasileiras S/A – ELETROBRÀS (STF, 1ª T., RE-146615/PE, rel. p/ o acórdão Min. Maurício Corrêa, abr/1995), mesmo que anterior à Constituição de 1988, como sendo uma hipótese em que o fato tributário eleito foi baseado em uma atividade estatal, qual seja a utilização do serviço público de fornecimento de energia elétrica em patamar superior a 2.000 Khw (artigo 5º do Decreto-Lei nº 1.512/1976).

afirmar, sem receio de errar, que o empréstimo compulsório jamais estará incorporando um tributo comutativo.[135]

Como exemplo da aplicação do critério da justiça distributiva a este tipo tributário, cabe citar o conhecido caso do empréstimo compulsório sobre aquisição de veículos e de combustíveis.[136] Nesta situação, a lei tributária criadora do empréstimo compulsório distribui qualitativamente o ônus tributário entre os particulares, diferenciando-os a partir de um indicativo dinâmico de riqueza ("de cada um segundo sua manifestação econômica"), qual seja, o consumo de combustíveis ou a aquisição de veículo automotor.

Continuando a concretização do critério da justiça distributiva, cabe mencionar as contribuições de Seguridade Social, de categoria profissional e de intervenção no domínio econômico, todas previstas no artigo 149 da Constituição.[137] Em relação a estas exações, teremos a aplicação de outros critérios distributivos além daquele

---

[135] O fato de o empréstimo compulsório exigir a posterior restituição do montante recolhido não faz com que esta quantia devolvida seja vista como o indício de que uma relação de troca se estabeleceu entre Estado e contribuinte. Isso porque não são cambiadas prestações equivalentes através da restituição daquele montante antes recolhido. Na verdade, será precisamente *a mesma prestação* que havia sido realizada pelo contribuinte (a entrega de quantia em dinheiro) que estará sendo reincorporada ao seu patrimônio após o decurso do prazo legal. Não se trata, pois, de troca de prestações equivalentes, mas apenas de se devolver o mesmo bem que foi entregue no passado, o que impede seja o vínculo surgido a partir do empréstimo compulsório qualificado como uma relação de troca. Além disso, não se poderia afirmar que o contribuinte, ao pagar empréstimo compulsório, esteja intitulado a receber prestações estatais correspondentes àquele montante por ele recolhido (tal afirmação se apresentará como cômica quando aplicada à situação do empréstimo compulsório instituído para financiar guerra externa).

[136] STF, Plenário, RE-121336 /CE, rel. Min. Sepúlveda Pertence, out/1990; STF, Plenário, RE-175385/SC, rel. Min. Marco Aurélio, dez/1994.

[137] Em relação a todas estas espécies tributárias é importante destacar, desde já, que o traço diferenciador a elas inerente, manifestado a partir de um dos três critérios de justiça distributiva antes destacados, deverá ser somado ao elemento finalístico a elas também fundamental.

que diferencia indivíduos com base na manifestação econômica.[138]

Quanto às contribuições de Seguridade Social, pode-se afirmar que a Constituição, em seu artigo 195, delimitou precisamente os fatos econômicos sobre os quais poderia o tributo incidir, trilhando critério semelhante ao realizado quando da discriminação dos impostos nos artigos 153, 155 e 156. Assim, em relação a estas exações, pode-se afirmar que o Constituinte buscou distribuir a carga tributária entre os contribuintes, diferenciando-os novamente a partir de uma determinada indicação de riqueza (*folha de salários, receita ou faturamento e lucro*). Neste caso, segue-se, pois, mais uma vez, a máxima "de cada um segundo sua manifestação econômica".

Mesmo que este seja um traço marcante das contribuições de seguridade social, não se pode afirmar que a definição constitucional de um fato econômico seja característica inerente a todas as subespécies de contribuições elencadas no texto constitucional. Isso porque, em relação às demais, outro critério diferenciador deverá ser invocado com primazia quando da análise da legitimidade do tributo instituído.

Relativamente às contribuições de intervenção no domínio econômico,[139] vemos que o critério distributivo escora-se primeiramente não em um fato manifestador de riqueza,[140] mas no tipo de atividade econômica sendo

---

[138] Para uma análise mais aprofundada do ponto, vide o nosso *Natureza Jurídica das Contribuições na Constituição de 1988* (a ser publicado).

[139] Para uma análise mais extensa desta exação, vide PIMENTA, Paulo Roberto Lyrio. *Contribuições de Intervenção no Domínio Econômico*. São Paulo: Dialética, 2002; FERRAZ, Roberto. *Pressupostos de Imposição das CIDEs – Critérios Constitucionais de Validade para a Instituição das CIDEs*. RET 34/134, dez/2003; e GRECO, Marco Aurélio (coord.). *Contribuições de Intervenção no Domínio Econômico e Figuras Afins*. São Paulo: Dialética, 2001.

[140] Tal afirmação mostra-se válida mesmo diante da hipótese de incidência facultada pelo inciso II, do § 2º, do artigo 149, na redação dada pela Emenda Constitucional nº 42/2003. Mesmo que tal dispositivo constitucional fixe um

realizada pelo contribuinte. Refira-se, ainda, que esta atividade econômica que qualificará e delimitará os contribuintes da CIDE deverá, ainda, manter alguma relação direta com a finalidade a ser alcançada através desta exação interventiva, conforme se verá mais adiante. Neste caso, portanto, a exação seguirá a máxima "de cada um segundo a atividade econômica praticada".

Como exemplo desta situação, cabe citar o caso do Adicional de Tarifa Portuária – ATP –, instituído pela Lei n° 7.700/88. Este tributo, ao ter sua constitucionalidade afirmada pelo Supremo Tribunal Federal,[141] veio a ser definido como contribuição de intervenção no domínio econômico. Nesta situação concreta, a CIDE incidia "sobre as operações realizadas com mercadorias importadas ou exportadas, objeto do comércio na navegação de longo curso" (art. 1°, § 1°, da Lei 7.700/88), demonstrando, com isso, que a lei delimitou seus vínculos tributários a partir de uma qualificação de contribuintes escorada no tipo de atividade econômica sendo por eles praticada.

Por fim, relativamente às contribuições de interesse de categorias profissionais e econômicas, o critério distributivo do ônus tributário é de fácil constatação. Aqui, temos situação em que o vínculo tributário representado através destas contribuições somente pode surgir, de forma válida, perante aqueles que efetivamente pertencerem a determinado grupo econômico-profissional presente na sociedade civil. Restam, pois, afastados desta imposição tributária todos aqueles que não se enquadrarem empiricamente na coletividade profissional que

---

fato econômico sobre o qual poderá incidir a CIDE (*importação de produtos estrangeiros e serviços*), não há afirmar que este modo de qualificação/diferenciação dos que se sujeitarão ao tributo seja primordial ou exclusivo relativamente a estas exações.

[141] STF, RE 265.721/SP, rel. Min. Sepúlveda Pertence, 1ª Turma, 11/04/2000; STF, Plenário, RE 218.061-5/SP, rel. Min. Carlos Velloso, mar/1999, 08.09.2000.

delimita o âmbito de incidência da exação. Deste modo, verifica-se que a qualificação/diferenciação dos particulares através desta exação revela-se na máxima "de cada um segundo a categoria profissional ou econômico em que esteja inserido". Neste caso, há novamente uma relação direta e obrigatória entre o critério diferenciador da categoria profissional e o elemento finalístico deste tributo.

Este modo de qualificar os contribuintes a partir de determinada categoria profissional é bem identificado quando da análise de precedentes jurisprudenciais em que se decidiu pela ilegitimidade da cobrança de anuidades por parte de conselho profissional daqueles que não se encontravam efetivamente incluídos na categoria profissional fiscalizada por este órgão. Decidiram, portanto, os tribunais que as contribuições profissionais somente poderiam qualificar os particulares que, em realidade, tivessem uma relação direta com categoria profissional objeto de fiscalização.[142]

4.5. Discriminação constitucional dos tributos pela perspectiva da justiça

Bem esclarecidas as espécies de justiça que movem a tributação, cabe especificar como se dá a classificação dos tributos com base neste critério.

Conforme já referido, entendemos que o Sistema Tributário Nacional responde à pergunta que antes se formulou ("qual o vínculo que se forma através da tributação?") de dois modos distintos. Em algumas situações, o Estado realiza, através da imposição tributária, a tarefa de distribuir qualitativamente entre os seus cidadãos os encargos que reverterão recursos necessá-

---
[142] STJ, 1ª T., unânime, REsp 172.898, rel. Min. José Delgado, ago/1998.

rios para a manutenção das funções estatais básicas, bem como para a promoção e concretização de outras finalidades de ordem pública. Em outros casos, a entidade estatal está autorizada a criar determinados tributos apenas com o intuito de estabelecer com um particular uma relação de troca de bens e encargos. Demonstra, portanto, o Sistema Tributário que, por um lado, há tributos que se justificam na possibilidade de a tributação ser qualificada proporcionalmente de acordo com características próprias daquele que está sujeito ao encargo e que, por outro, existem exigências tributárias que são justificadas na necessidade de a prestação cobrada manter equivalência aritmética com o bem ofertado pelo Estado ao particular.[143]

Tendo em mente tais particularidades, podemos concluir que a primeira categoria, na qual invariavelmente se dá relevância a características particulares do contribuinte quando da imposição do ônus tributário, está representada *pelos impostos, pelos impostos extraordinários,*[144] *pelos empréstimos compulsórios e pelas contribuições*. Todos esses modelos de tributação são justificados a partir de uma qualificação específica do contribuinte que se sujeita ao tributo, a qual se presta a diferenciá-lo de outros particulares que não poderão sofrer a imposi-

---

[143] Estes dois modos de atuação do Estado no campo tributário são destacados por Liam Murphy e Thomas Nagel já na introdução da obra *The Myth of Ownership*: "In a capitalist economy, taxes are not just a method of payment for government and public services: They are also the most important instrument by which the political system puts into practice a conception of economic or distributive justice." (MURPHY, Liam; NAGEL, Thomas. *The Myth of Ownership – Taxes and Justice*. Oxford University Press, 2002, p. 3).

[144] Conforme se verá em seguida, mostra-se necessário diferenciar os impostos dos impostos extraordinários de que trata o art. 154, II, da Constituição. Ninguém pode seriamente sustentar que ambos os tributos correspondam a realidades idênticas. Não se mostra sequer adequada a afirmação de que a segunda é espécie do gênero formado pela primeira. Entre ambas as espécies existem características essenciais que são irreconciliáveis. A diferenciação entre estes modelos de tributação já havia sido bem destacada por Marco Aurélio Greco (Contribuições, op. cit., p. 133/4).

ção do gravame tributário. Esse modo especial de se qualificar o contribuinte, quando da instituição de um tributo que siga o critério da justiça distributiva, deverá ser fixado a partir de três variáveis, as quais não são necessariamente entre si excludentes. Os três modos de se qualificar o contribuinte com o intuito de imputar-lhe um tributo distributivo são: *a sua manifestação econômica, o grupo social, profissional ou econômico em que esteja inserido* e *a atividade econômica que realiza*.[145] Serão essas três variáveis que estabelecerão os critérios de proporção necessários na qualificação específica dos indivíduos abrangidos pelo dever de pagar o tributo, diferenciado-os daqueles que estarão fora do campo de incidência da regra criada com o intuito de distribuir qualitativamente encargos tributários.

Se é possível, por um lado, identificar-se no texto constitucional quatro tributos que são guiados pela perspectiva da justiça distributiva, existem dois outros que encontram seu fundamento no critério da justiça comutativa, quais sejam: a *taxa e a contribuição de melhoria*.[146] Ambas espécies tributárias podem ser perfeitamente compreendidas como sendo formas distintas de se fixar uma relação de troca entre Estado e particular, em que o primeiro fornece determinada prestação positiva ao segundo, o qual, beneficiando-se dessa prestação que lhe foi disponibilizada, assume o encargo de cumprir uma obrigação pecuniária que some o montante equivalente à vantagem recebida. Os dois tributos comutativos diferenciam-se entre si em razão do tipo de benefício ou prestação que é fornecida pela entidade estatal diretamente ao contribuinte. Nas taxas, o indivíduo recebe do Estado o exercício do poder de polícia ou

---

[145] Estas três variáveis são extraídas do texto dos artigos 149, *caput*, e 145, § 1º, ambos da Constituição de 1988.
[146] TORRES, Ricardo Lobo. *Ética e Justiça Tributária*. In SCHOUERI, Luis Eduardo; ZILVETI, Fernando Aurélio (coords.). *Direito Tributário – Estudos em homenagem a Brandão de Machado*. São Paulo: Dialética, 1998, p. 190.

a prestação de um serviço público, específico ou divisível, efetivamente utilizado ou simplesmente colocado a sua disposição,[147] enquanto que nas contribuições de melhoria ele recebe uma determinada valorização imobiliária decorrente de obra pública.[148]

Aliás, a natureza comutativa das taxas mostra-se presente mesmo no caso daquelas que são cobradas em razão de um serviço público específico e divisível simplesmente colocado à disposição, pelo Estado, para uma utilização potencial do contribuinte.[149] Poderia aparentar que, nesta situação, a taxa de serviço utilizado apenas em potencialidade pelo contribuinte não guardaria qualquer dimensão sinalagmática.[150] No entanto, tal compreensão não procede. Isso porque é possível vislumbrar-se situação empírica na qual uma determinada atuação estatal provoque benefício ou vantagem aos particulares em duas dimensões distintas: uma imediata e determinada, para aquela categoria de indivíduos que se utiliza diretamente do serviço público, e outra mediata e relativamente determinável, relacionada com a parcela da população que goza de vantagem indireta (mas, de qualquer modo, específica) pelo só fato de estar em funcionamento determinado serviço público. Em ambas as situações, será possível calcular ou, ao menos, estimar uma relação de comutatividade mantida entre o Estado e a pessoa privada beneficiada.

---

[147] Art. 145, II, da Constituição de 1988.

[148] Idem.

[149] A Constituição consagra expressamente a possibilidade de criação de taxa de serviço público apenas colocado à disposição do particular (artigo 145, II), noção esta que já havia sido explicitada pelo artigo 79, I, b, do CTN (*Art. 79. Os serviços públicos a que se refere o art. 77 consideram-se: I – utilizados pelo contribuinte: (...) b) potencialmente, quando, sendo de utilização compulsória, sejam postos à sua disposição mediante atividade administrativa em efetivo funcionamento*).

[150] Agradeço ao Professor Doutor Roberto Ferraz pelo questionamento que acarretou esta reflexão adicional.

Sendo um serviço público específico e divisível que esteja em efetivo funcionamento, é plenamente possível ao Estado *estimar* as cotas de benefícios que estarão sendo tomadas pelos particulares, independentemente de eles estarem ou não tendo um contato real e direto com esta atividade estatal. Em outras palavras, o só-oferecimento geral de um serviço público específico e divisível já permite a identificação de uma utilidade econômica sendo experimentada por determinado grupo de particulares que, mesmo não usufruindo diretamente da atividade estatal, ganhariam vantagens materiais através da sua mera disponibilização. Além disso, não seria adequado, nestas situações concretas, que o Estado viesse a trazer para dentro da relação tributária comutativa apenas aqueles indivíduos que mantivessem o contato direto com o serviço público, já que deixariam à margem do custeio toda uma categoria de particulares que estariam efetivamente retirando uma vantagem específica da atuação estatal. Por outro lado, aqueles que não estiverem auferindo qualquer vantagem, direta ou indireta, através da atividade estatal jamais poderão ser identificados como contribuintes da taxa, exatamente porque não estão mantendo com o Estado qualquer relação de troca de prestações.

Assim, a cobrança da taxa é legítima porque o Estado mantém uma relação comutativa indireta com aqueles que se beneficiam da mera disponibilidade de um serviço público.[151]

Neste mesmo sentido, já havia afirmado Amaro:

---

[151] Em sentido contrário, vide PEREIRA FILHO, Luiz Alberto. *As taxas no Sistema Tributário Brasileiro*. Curitiba: Juruá, 2002. O referido autor nega a possibilidade de se criar validamente taxa de serviço apenas colocado à disposição dos particulares que experimentam vantagem indireta através da atuação estatal, afirmando que "o emprego da expressão utilização potencial é ilógico e incoerente (...) tal expressão, por absurda, deve ser desprezada, não se aplicando, conseqüentemente à taxas que tem, como critério material, pôr o serviço público, específico e divisível à disposição do contribuinte" (Op. cit., p. 61/2).

Ter um serviço público à disposição representa, por si só, uma utilidade com valor econômico, que, presente a nota da divisibilidade, é suscetível de ser financiada por taxas cobradas dos indivíduos a cuja disposição é posta essa utilidade (por exemplo, serviço de coleta de esgoto).[152]

Arremata, logo em seguida, o autor:

Por outro lado, como já assinalou Aliomar Baleeiro, taxar a mera disponibilidade pode ser, em dadas circunstâncias, postulado de justiça fiscal. O serviço de coleta de esgoto, por exemplo, não deve ser cobrado apenas de quem efetivamente o utiliza, pois o indivíduo que tem à disposição (ainda que possa e prefira continuar usando a fossa de seu quintal) é titular de uma vantagem econômica (em função da disponibilidade do serviço), a qual não é acessível a outros indivíduos que residam em locais não beneficiados com rede de esgotos. Do mesmo modo, não seria justo que os usuários efetivos do serviço arcassem sozinhos com o custo total da atuação do Estado, que beneficia também seus vizinhos, por estar à disposição deles.[153]

Conclui Amaro, ao final, com extrema precisão:

A razão de ser da taxação do uso potencial está, a nosso ver, em que há atividades para cuja execução o Estado se aparelha, mas que podem não estar à disposição de todos os indivíduos da comunidade; é o caso do serviço de coleta de esgoto. Outros serviços, ao contrário, são acessíveis a todos, como por exemplo, o serviço funerário e a administração de justiça. Como já referimos, os impostos se destinam a financiar as atividades gerais e indivisíveis do Estado, enquanto que as taxas objetivam financiar serviços divisíveis do Estado, mediante a cobrança junto às pessoas que se beneficiam desses serviços, com o que se evita onerar todos (através dos impostos) com o custo de serviços que só aproveitam alguns. À vista disso, se determinado serviço estatal é posto à disposição de um grupo de indivíduos da comunidade (atingindo, por exemplo, só os bairros centrais de uma cidade), é de justiça que o serviço seja financiado pelos indivíduos integrantes desse grupo que dispõe do serviço (ainda que este ou aquele indivíduo não queira fruir efetivamente do serviço). Não seria justo que toda a comunidade (através de imposto) suportasse o custo do serviço que só atinge parte dela. Mas também não seria justo deixar de cobrar a taxa dos indivíduos integrantes do grupo a cuja disposição está posto o serviço (ainda que não utilizem efetivamente), pois, como anotou Aliomar Baleeiro, ter serviço à disposição representa em si mesmo uma vantagem.[154]

---

[152] AMARO, Luciano. *Direito Tributário Brasileiro*. 2ª ed. São Paulo: Saraiva, 1998, p. 36.

[153] Op. cit., p. 39.

[154] Op. cit., p. 39/40.

A afirmação no sentido de que mesmo as taxas de serviços de utilização potencial guardam traço sinalagmático traz consigo uma relativa delimitação dos fatos econômicos que poderão ser eleitos pelo legislador tributário quando da instituição deste tributo. Mesmo no caso específico destes tributos comutativos, será possível identificar, por exclusão, determinadas bases econômicas que, dentro do contexto do serviço colocado à disposição, jamais poderão servir de suporte para a incidência da taxa, exatamente porque não se prestarão a estimar, sequer minimamente, o grau da vantagem mediata e indireta experimentada pelo particular.

Tomemos de empréstimo o exemplo trabalhado por Luciano Amaro. No caso da taxa de coleta de esgoto, teremos determinadas bases de cálculo que jamais poderão dar causa ao surgimento da obrigação tributária, já que a sua incidência sobre tais fatos econômicos não estará habilitada a medir, com o mínimo de eficiência, a relação de troca inerente aos tributos comutativos. Não seria legítima, por exemplo, a tentativa de se adotar como base de cálculo desta taxa o valor venal do imóvel ou a renda do particular, já que estas parcelas da realidade não mantêm qualquer vínculo de pertinência com a natureza do serviço público (coleta de esgoto) que se busca custear. O valor do imóvel ou a renda do particular não estão aptos a representar qualquer indício da vantagem indireta que estará sendo experimentada pelo particular. Por outro lado, é possível identificar determinadas bases econômicas que estarão habilitadas a razoavelmente estimar o benefício mediato e indireto experimentado pelo particular neste caso concreto. Este poderia ser o caso de se eleger como base de cálculo a dimensão física de um imóvel ou, ainda, o número de habitantes em determinada residência. Estes fatos, sim, guardariam alguma relevância com a natureza do serviço sendo colocado à disposição.

Mesmo que sejam diferenciados os tipos de prestações fornecidas pela entidade estatal, cabe destacar que o elemento fundamental compartilhado por ambas as espécies tributárias é a necessidade de manutenção da equivalência aritmética entre os bens e os encargos sendo comutados na relação e não propriamente a indicação legal de um determinado tipo de base tributável. Aliás, é exatamente essa natureza transacional,[155] inerente aos dois tributos comutativos apontados, que é relegada a um segundo plano por aqueles que se guiam pela Tradicional Teoria do Fato Gerador.

---

[155] Por natureza transacional quer-se dizer a necessidade de uma comutação de prestações equivalentes entre as partes que integram a relação.

5. Outros elementos necessários a uma classificação constitucional de tributos

A espécie de justiça que motiva a tributação não é, por si só, critério suficiente para indicar todos os elementos substanciais que compõem as espécies tributárias. Isso porque outros elementos mostram-se necessários para uma compreensão plena dos modelos de tributação que foram estruturados no texto constitucional. Conforme já adiantada, não pretendemos neste trabalho esboçar uma classificação que siga uma tendência monolítica, tal como ocorria com aquelas classificações que buscavam diferenciar as espécies tributárias apenas a partir da materialidade do fato gerador.

A intenção de se descrever estruturas normativas mediante a adoção de um único elemento tende a simplificar excessivamente a complexidade que é inerente ao fenômeno jurídico. No caso dos tributos, a tentativa de dimensioná-los apenas a partir do seu traço relacional deixaria de fora inúmeras das suas características essenciais, sem as quais não seria possível compreender a natureza jurídica de cada espécie tributária nem os critérios que justificam a sua instituição válida.

Exatamente por esta razão, entendemos ser necessário agregar-se ao critério da justiça (definidor da

dimensão relacional presente em todos os tipos tributários) outros três elementos também essenciais.[156]
Vejamos quais são eles.

5.1. A finalidade constitucional a ser alcançada pelo Estado

O segundo elemento que deve ser apresentado como sendo essencial na definição das espécies tributárias é o modo pelo qual a Constituição vem a qualificar a finalidade que se busca alcançar através da tributação.

Da mesma forma como não é possível imaginar uma ação que não se proponha a nenhum fim,[157]

A dimensão finalística, como critério de validação de determinados tributos, foi muito bem analisada por Marco Aurélio Greco.[158] Na classificação proposta por Greco, temos uma estrutura classificatória que é formada a partir de dois modos distintos de se justificar a validade constitucional dos tributos. Com isso, defende que a atual Constituição adotou claramente duas normas atributivas de competência diferenciadas, cada uma fundamentada em um tipo específico de racionalidade.

---

[156] Nesta medida, compartilhamos da visão classificatória daqueles autores que desenvolvem as, por nós denominadas, classificações agregativas (ao menos quanto à sua estrutura).

[157] "Every art and every enquiry, and similarly every action and choice, is thought to aim at some good; and for this reason the good has rightly been declared to be that which all things aim." (*Nicomachean ethics*, p. 1729). também não há como se pensar na instituição de uma exigência tributária que possa ser compreendida como absolutamente carente de finalidade. Isso significa dizer que toda e qualquer espécie tributária possui minimamente uma finalidade constitucional, mesmo nos casos em que esta não venha consagrada de modo determinado. O que pode, na verdade, vir a diferenciar uma espécie da outra é o grau de objetivação da finalidade que o Constituinte vinculou à instituição de um tributo em particular.

[158] GRECO, Marco Aurélio. *Contribuições (uma figura "sui generis")*. São Paulo: Dialética, 2000.

Em um primeiro modelo, a tributação estaria constitucionalmente justificada por uma relação causal, dentro da qual surgiria a obrigação tributária "porque" ocorreu determinado evento previsto em lei (*validação condicional*). Já no segundo modelo trabalhado pelo autor, a tributação buscaria seu fundamento constitucional em um padrão finalístico, pois haveria tributação "para que" determinada finalidade pudesse ser atingida[159] (*validação finalística*). Mesmo que Greco tenha dedicado a devida atenção ao traço finalístico que deve justificar a validade de um tributo, verifica-se que a sua postura classificatória realiza uma cisão profunda nas espécies tributárias previstas na Constituição. Isso porque, de acordo com a sua descrição do texto constitucional, seria possível separar-se, por completo, os tributos em condicionais – os quais se manifestam com ocorrência no mundo fático de determinado evento – e em finalísticos – que se destacam pelo resultado que se pretende atingir.[160] Segundo Greco, o Sistema Tributário comportaria, de um lado, um bloco de tributos que se justificam pela relação de causalidade inerente à norma tributária, na qual se estabelece a ocorrência de determinado fato como móvel para o surgimento da obrigação tributária e, de outro, um segundo bloco de tributos que se justificam pela sua vinculação à determinada finalidade constitucionalmente consagrada. A divergência aqui manifestada não se direciona contra a afirmação de Greco no sentido de que determinados tributos – principalmente as contribuições – estejam marcados por um traço finalístico. Nada de equivocado há nesta constatação. O que não aparenta ser correto é afirmar a possibilidade de se categorizar determinados tributos em relação aos quais a finalidade apresenta-se como um tópico relevante, aceitando, em contrapartida, a existência de

---

[159] Op. cit., p. 118/9.
[160] GRECO, op. cit., p. 118/9.

outros que poderiam ser justificados, sob o ordenamento constitucional, independentemente de qualquer consideração finalística.[161]

Ora, não são apenas parte dos tributos que se justificam pelo fim a ser alcançado pela entidade tributante. Repita-se: todo o tributo projeta em alguma medida um fim público que necessita ser promovido, mesmo quando este não vem dotado de contornos plenamente objetivos. Aliás, pensar em tributo não-finalístico é pensar em tributo desnecessário, fútil e, indubitavelmente, inconstitucional. A Constituição, por óbvio, não outorga competência tributária senão para que determinado objetivo de ordem pública seja alcançado. Por esta razão, inclusive aos impostos – tradicionalmente apontados como sendo tributos cobrados independentemente de qualquer atividade pública – não se poderia negar a presença de um elemento teleológico, qual seja o de carrear recursos que cubram as despesas genéricas e não-específicas inerentes à manutenção e subsistência do aparato estatal.

Assim, vislumbrando a presença da marca teleológica em todas as espécies tributárias, mais precisa aparenta ser a classificação que as diferencie de acordo com o grau de especificidade que a Constituição atribuiu à finalidade que se visa a alcançar com a instituição do tributo.

Existem, portanto, dentro de uma única estrutura sistemática, *os tributos com finalidade específica e os tributos sem finalidade específica*. Os tributos que necessitam ser qualificados a partir de fins específicos (definidos no texto constitucional) são *as taxas, os empréstimos compul-*

---

[161] Não se poderia deixar de referir que Marco Aurélio Greco menciona a existência de finalidades também em relação aos impostos (Op. cit., p. 145). No entanto, tal constatação não é representada minimamente em sua estrutura classificatória nem em suas posteriores considerações acerca dos tributos chamados condicionais, o que, em nosso entendimento, vem a comprometer a compreensão adequada das espécies tributárias como um todo.

sórios, as contribuições e os impostos extraordinários de guerra.

O fim específico que se busca alcançar através da instituição e da cobrança das taxas está representado na necessidade de haver recursos financeiros suficientes para que os serviços públicos específicos e divisíveis e exercício do poder de polícia sejam custeados e possam permanecer sendo realizados de modo eficiente e contínuo. Já os empréstimos compulsórios podem ser qualificados constitucionalmente por dois fins específicos distintos, quais sejam: (a) a necessidade de se cobrir uma despesa extraordinária surgida por força de calamidade pública ou guerra externa;[162] ou (b) a necessidade de se angariar recursos para a concretização de um investimento público urgente ou de interesse nacional.[163] As contribuições, por sua vez, representam um modelo tributário que se presta à persecução de uma ampla variedade de fins constitucionalmente especificados. As contribuições, em razão de sua natureza própria, foram eleitas pela Constituição como o método de tributação específico para a realização e promoção dos inúmeros objetivos que tipicamente ficam a cargo de um Estado Social e Democrático. São, pois, os tributos teleológicos por excelência.[164] Por fim, os impostos extraordinários apresentam uma finalidade constitucional idêntica a uma daquelas que restou atribuída ao empréstimo compulsório, mais especificamente a necessidade de se cobrir as despesas surgidas por força de guerra externa.[165] São, portanto, espécies tributárias bastante assemelha-

---

[162] Art. 148, I, da Constituição de 1988.

[163] Art. 148, II, da Constituição de 1988.

[164] "O principal limite relaciona-se à peculiaridade das contribuições: sua vinculação à promoção de determinadas finalidades." (ÁVILA, Humberto. Contribuições na Constituição Federal de 1988. In: MACHADO, Hugo de Brito (org.). *As contribuições no Sistema Tributário Nacional*. São Paulo: Dialética, 2003, p. 323).

[165] Art. 154, II, da Constituição de 1988.

das, estando fixado alhures o elemento diferenciador de uma e de outra.

Por outro lado, as espécies tributárias em relação às quais a Constituição atribui finalidades não-especificadas encontram-se representadas *pelos impostos e pelas contribuições de melhoria*.[166] Nesses casos, os recursos que são vertidos aos cofres públicos não necessitam ser empenhados em um fim específico, podendo ser direcionados para cobrir despesas estatais genéricas.

A invocação de finalidades não-específicas poderia ser objetada como elemento classificatório ao argumento de não se prestar como critério útil na averiguação da constitucionalidade dos tributos que seguem tal característica. Poderia ser afirmado, de acordo com essa postura, que imputar uma finalidade não-específica à espécie tributária em nada auxilia a justificação da validade ou invalidade da sua lei de instituição. Tal objeção, no entanto, não procede. Ora, dizer que determinados tributos necessitam ser qualificados a partir de uma finalidade não-específica de modo algum representa constatação vã ou sem sentido. Presta-se, sim, como critério objetivo de aferição de constitucionalidade, mesmo que se manifeste como uma restrição negativa à lei instituidora deste tipo de tributo.[167] Tanto é verdade que

---

[166] Não compartilhamos da postura daqueles que defendem a necessidade de se empenhar o valor arrecadado a título de contribuição de melhoria no mesmo órgão ou na mesma secretaria da entidade pública que havia sido responsável pela realização da obra provocadora de valorização imobiliária. Nada nesse sentido poderia ser extraído do texto constitucional. A única finalidade (não-específica) que poderia ser atribuída à contribuição de melhoria é a necessidade de se restaurar a equivalência aritmética entre a vantagem econômica experimentada pelo proprietário do imóvel valorizado e as despesas assumidas pelo Estado quando da realização de obra pública, causadora dessa mesma valorização. Sobre possíveis fins específicos das contribuições de melhoria, vide o artigo de Fabio Nusdeo, A Contribuição de Melhoria Revisitada: uma Revisão e uma proposta, *in Direito Tributário – Homenagem a Alcides Jorge Costa*. São Paulo: Quartier Latin, vol. II, 2003, p. 669/85.

[167] Agradeço a Leandro Paulsen pela constatação da natureza negativa deste qualificador tributário.

um tributo qualificado pela Constituição como sendo dotado de finalidade não-específica será invariavelmente inconstitucional caso seja a ele atribuído um fim determinado. Aliás, em relação aos impostos, tal consideração encontra-se expressamente positivada no texto constitucional,[168] representando, pois, elemento essencial deste modelo tributário.

Refira-se, ainda, que o próprio Supremo Tribunal Federal já veio a reconhecer a inconstitucionalidade de tributo dotado, por natureza, de finalidade não-específica, mas que teve a ele atribuído, através da sua lei instituidora, um fim concreto. Referimo-nos ao julgamento do Recurso Extraordinário n° 183.906-6,[169] situação em que o Supremo Tribunal apreciou a validade da Lei Estadual de São Paulo que havia majorado o ICMS de 17% para 18%, imputando ao percentual de aumento o fim específico de angariar recursos para a construção de casas próprias.[170] Nessa oportunidade, decidiu o STF, por maioria, que, não obstante a nobreza do fim que se visava a alcançar, um tributo em relação ao qual a

---

[168] Ex vi, Art. 167, IV, da Constituição de 1988.

[169] "IMPOSTO – VINCULAÇÃO A ÓRGÃO, FUNDO OU DESPESA. A teor do disposto no inciso IV do artigo 167 da Constituição Federal, é vedado vincular receita de impostos a órgão, fundo ou despesa. A regra apanha situação concreta em que lei local implicou majoração do ICMS, destinando-se o percentual acrescido a um certo propósito – aumento de capital de Caixa Econômica, para financiamento de programa habitacional. Inconstitucionalidade dos artigos 3°, 4°, 5°, 6°, 7°, 8° e 9° da Lei n° 6.556, de 30 de novembro de 1989, do Estado de São Paulo." (STF, Pleno, RE 183.906-6, Rel. Ministro Marco Aurélio, DJ 30/04/98)

[170] "(...)com o artigo 3° da Lei n° 6.556, de 30 de novembro de 1989, do Estado de São Paulo, majorou-se a alíquota do Imposto sobre Circulação de Mercadorias e Serviços de dezessete para dezoito por cento, consignando-se, a seguir, que, durante a execução orçamentária para o exercício de 1990, seriam abertos créditos suplementares destinados a um aumento de capital da Caixa Econômica do Estado de São Paulo S/A, em valor nunca inferior à receita resultante da elevação da alíquota referida e que os recursos financeiros que viessem a ser atribuídos à Caixa, para o fim indicado, seriam destinados obrigatoriamente ao financiamento de programas habitacionais de interesse da população do Estado." (Excerto do Voto do Relator, Ministro Marco Aurélio).

Constituição não fixa finalidades específicas não poderia receber a imputação legal de um objetivo concreto, sendo nula a lei, não apenas no ponto em que indica o fim que se pretende promover, mas na própria majoração do tributo. A decisão do Ministro-Relator, capitaneadora do acórdão, escorou-se em voto proferido em outro julgamento pelo Ministro Moreira Alves, o qual afirmava: "A meu ver, desde que o acréscimo seja criado em lei com destinação específica, que é inconstitucional, a destinação específica contamina o próprio acréscimo".[171]

Impõe-se, pois, concluir que a indicação de finalidade não-específica na caracterização dos elementos essenciais das espécies tributárias representa, sim, forte critério de validação constitucional.

Ainda tratando do elemento essencial da finalidade a ser alcançada pelo Estado, uma especificação necessita ser feita. É extremamente recorrente a compreensão das espécies tributárias a partir da necessidade ou não de haver uma destinação legal específica do montante passível de ser arrecadado. Neste particular, existem aqueles que se atêm exclusivamente ao local em que o numerário arrecadado deve ser empenhado, não dedicando uma atenção precisa ao fim que se deseja alcançar.[172] Defendem, com isso, que a destinação legal é constitutiva da natureza jurídica da espécie tributária que se analisa. No entanto, vislumbramos ser necessário

---

[171] Em sentido contrário, foi o voto do Ministro Carlos Velloso: "(...) a declaração de inconstitucionalidade do dispositivo que faz a destinação do imposto não exoneraria o contribuinte de pagar o tributo".

[172] "(...) há tributo autorizados pela Constituição, cuja validade está condicionada à previsão legal de destinação específica do produto de arrecadação de despesas determinadas do Estado. (MARQUES, Márcio Severo. *Classificação Constitucional dos Tributos*. São Paulo: Max Limonad, 2000, p. 222/3). No mesmo sentido: SANTI, Eurico Marcos Diniz de. *As Classificações no Sistema Tributário Brasileiro*, in Justiça Tributária. São Paulo: Max Limonad, 1998, p. 141; TOMÉ, Fabiana del Padre. *Contribuições para a Seguridade Social à Luz da Constituição Federal*. Curitiba: Juruá, 2002, p. 77.

promover uma diferenciação conceitual entre os dois termos (destinação legal do produto arrecadado e finalidade almejada com a instituição do tributo). Isso porque não se mostra adequado, para uma compreensão plena da natureza das distintas espécies tributárias, desprezar-se a marca teleológica inerente a todos os tributos nem tratar os dois conceitos como se sinônimos fossem.

Em primeiro lugar, o fim que se quer ver consagrado representa um estado de coisas, abstratamente estabelecido na Constituição, passível de ser concretizado através da instituição e cobrança de um tributo em particular. Por essa razão, a finalidade inerente a toda espécie tributária agrega a noção de objetivo de ordem pública que se deseja concretizar. Ora, é a compreensão desses resultados práticos que se quer alcançar na esfera pública que vem a indicar a razão de ser dos tributos e que aponta para a verdadeira causa final das distintas espécies tributárias, representando, com isso, um valor em si mesmo.[173]

Já o destino legal do produto de arrecadação é tão-somente um meio – uma via adequada – para que o fim que justifica a criação do tributo seja efetivamente concretizado. Em razão dessa sua natureza eminentemente instrumental, a previsão em lei do local para onde o numerário deverá ser encaminhado não é, em si, um elemento essencial de um tributo. Isso porque a mera disposição legal acerca da alocação de recursos para tal ou qual setor da atividade estatal não esclarece, por si só, os motivos para os quais determinado tributo é instituído. Por isso, aqueles que definem a natureza dos tributos a partir do destino legal da arrecadação estão a confundir o fim que se deseja alcançar com os meios que

---

[173] "(...)the final cause is an end, and that sort of end which is not for the sake of something else, but for whose sake everything else is; so that if there is to be a last term sake everything else is." (Metaphysics, in *The Complete Works of Aristotle, Vol. II*. Estados Unidos da América: Princeton University Press, 1995, p. 1571).

podem ser empenhados na efetivação deste mesmo fim. A finalidade é, pois, invariavelmente, um elemento principal na qualificação dos tributos em relação ao qual o destino legal do produto arrecadado apresenta-se tão-somente como traço acessório.

Além disso, para afirmação da validade de um tributo não bastará jamais a análise isolada do destino legal do produto arrecadado. Isso porque, para a confirmação efetiva da constitucionalidade de um tributo finalístico, será sempre necessário averiguar-se se o destino do montante arrecadado, tal como previsto na lei, adequa-se, de fato, à finalidade constitucional que se pretende alcançar. Ora, simplesmente não é razoável pretender-se caracterizar uma espécie tributária a partir de seu traço acessório e não definitivo em preterição àquele elemento que lhe é essencial e que lhe atribui, em última instância, o fundamento de validade.

Temos, pois, uma diferenciação conceitual de altíssima importância, já que não se deve confundir a causa final de determinado ente jurídico com um dos meios adequados para que essa seja atualizada.

5.2. A exigência constitucional de circunstância fática prévia ao exercício da competência

Não são todos os elementos essenciais das espécies tributárias que se encontram posicionados dentro da própria regra jurídica instituidora do tributo. Isso porque uma leitura atenta do Sistema Tributário Nacional demonstra que a Constituição, em algumas situações, veio a exigir como requisito ao exercício da competência tributária a constatação da ocorrência prévia de determinado evento ou conjunto de eventos. O Constituinte, relativamente a alguns tributos, elegeu determinadas circunstâncias fáticas como razões anteriores à edição de lei instituidora do tributo. Sem a constatação da ocorrência destes fatos tipificados no texto constitucional, a criação do tributo será sempre inválida.

Aponta-se, portanto, como elemento essencial destes modelos tributários a pressuposição de ter ocorrido, no mundo fenomênico, determinado complexo fático previsto constitucionalmente como causa autorizativa para o ente político utilizar-se da parcela de poder tributário que foi a ele destinado.

Dois são os tributos em relação aos quais a Constituição veio a impor a concretização de uma realidade fática como requisito prévio ao exercício da competência tributária: *os empréstimos compulsórios e os impostos extraordinários de guerra*. No primeiro caso, o texto constitucional vem a exigir a manifestação fenomênica de um dos seguintes eventos: *calamidade pública, guerra externa ou a sua iminência e urgente e relevante interesse público merecedor de investimento público.*[174] Já na segunda hipótese, o conjunto de fatos anteriores à possibilidade de instituição do tributo é apenas a *guerra externa ou sua iminência*.[175] É verdade que as expressões que indicam a situação fática necessária ao exercício da competência tributária sempre estarão sujeitas a uma definição mais especificada em cada caso concreto, mormente considerando a amplitude de alguns dos termos indicados pelo texto constitucional. Desse modo, a averiguação de que os eventos típicos restaram concretizados em determinado caso exigirá invariavelmente deliberações de ordem política, as quais necessitarão ser confrontadas com o sentido mínimo que essas expressões constitucionais denotam.[176] A ambigüidade dos conceitos tipificados

---

[174] Art. 148, I e II, da Constituição.
[175] Art. 154, II, da Constituição.
[176] Exemplificativamente, pode-se dizer que a definição do que seja uma calamidade pública em uma realidade concreta sempre estará sujeita a inge-

constitucionalmente não desqualifica, porém, o elemento ora destacado como sendo adequado à qualificação das espécies tributárias. Na verdade, o ponto fundamental é que a Constituição veio a positivá-los expressamente, indicando, com isso, traços essenciais dos tributos que não podem ser simplesmente desprezados.

Pode-se dizer, ainda, que, para estes dois tributos, a Constituição prevê uma relação de causalidade estabelecida entre a manifestação de determinadas circunstâncias fáticas (causadora) e a correlata autorização para o exercício da competência tributária (causada). Em contrapartida, relativamente aos demais tributos, deve-se reconhecer que, desde a entrada em vigor do Sistema Tributário Nacional, sempre foram passíveis de instituição pelo ente federado competente, independentemente de qualquer *situação fática qualificada constitucionalmente*.

Importante distinguir-se a causalidade, aqui referida como requisito prévio ao exercício da competência tributária e, portanto, critério anterior e exterior aos elementos integradores da norma jurídico-tributária, daquela tradicionalmente relacionada com o aspecto material da hipótese de incidência, na qual a ocorrência do fato gerador surge como "causa infalível" do nascimento da obrigação tributária. Nesse último caso, a relação de causalidade será elemento interno da norma tributária e, por isso, obrigatória em toda e qualquer exigência tributária, mesmo nas hipóteses em que a Constituição não tenha disposto explicitamente sobre a base econômica tributável. Estamos, pois, diante de dois níveis de causalidade distintos[177] que não podem ser tratados conjuntamente.

rências políticas. De qualquer modo, um sentido mínimo do que seja e do que não seja calamidade pública nos casos particulares poderá ser extraído do texto constitucional.

[177] Marco Aurélio Greco não realiza distinção precisa entre esses dois planos de causalidade ao atribuir natureza híbrida aos impostos de guerra. Afirma o autor: "Sua feição híbrida decorre de supor vinculação a uma determinada causa (a guerra) e às necessidades daí decorrentes, bem como a geração de

Por fim, é necessário qualificar-se melhor o sentido específico que se pretende atribuir ao elemento essencial aqui denominado como *circunstâncias fáticas prévias ao exercício da competência tributária*. Isso porque poderia ser apontado que inúmeras outras espécies tributárias também apresentam uma determinada modificação na ordem fática como requisito propulsor para o exercício da competência institutiva do tributo. Exemplificativamente, não se poderia negar que tanto a instituição de uma contribuição de intervenção no domínio econômico, quanto de uma contribuição social, exige uma alteração na realidade fática – envolvendo provavelmente considerações de ordem política, econômica e social – que vem a mobilizar o aparato estatal no sentido de provocar uma atuação naquela determinada área econômica ou social. Do mesmo modo, a criação de uma nova taxa, seja de prestação de serviço público, seja de poder de polícia, pressupõe a manifestação de interesse público, gerado indubitavelmente por uma alteração no contexto fático, que vem a exigir o custeio direto pelo particular destas atividades estatais. Inclusive a instituição de impostos com base na competência residual da União (art. 154, I, da Constituição) faz pressupor uma alteração na ordem natural das coisas, que acarreta a necessidade de o Estado obter maiores recursos para cobrir suas despesas genéricas.

Ocorre que, em todas estas situações, o juízo acerca da alteração circunstancial ensejadora da instituição do tributo dependeria exclusivamente da vontade política daqueles no comando da estrutura governamental. Portanto, nesses casos, a modificação fática seria uma questão de governo.

---

recursos ocorrer para atender ao esforço da própria guerra (finalidade). (...) Vale dizer, esta figura tem um componente de validação condicional (= guerra ou sua iminência) (racionalidade de subsunção) e um componente de validação finalística (= atender às respectivas despesas) (racionalidade de fins ou necessidades)." (*Contribuições*,(...), p. 133).

A ocorrência de circunstância fática que dá causa à criação de tributo, no sentido aqui referido, é de uma ordem diferenciada. Em primeiro lugar, a distinção está no fato de a própria Constituição dispor expressamente acerca de quais eventos típicos necessitam ocorrer. Trata-se, pois, de fatos tipificados pelo próprio texto constitucional, o que já lhes dá um grau maior de relevância. Estes eventos constitucionalmente qualificados, mesmo que dotados de uma fluidez conceitual, vêm a restringir ativamente a ação legiferante do ente político. Em segundo lugar, os fatos tipificados pelo texto da Constituição adquirem um tom de tamanha excepcionalidade e gravidade que deixam de depender de um juízo de governo, no sentido estrito do termo. A agressividade e a dramaticidade das situações previstas na Constituição (*Calamidade Pública, Urgente e Relevante Interesse Nacional e Guerra Externa*) faz com que a averiguação da sua ocorrência nos casos particulares seja questão de Estado, não se podendo dizer que a sua tipificação esteja propriamente sujeita a um juízo discricionário dos integrantes do Governo. Portanto, a ocorrência prévia de circunstância fática, apontada como elemento essencial das duas espécies tributárias antes referidas, apresenta-se como *uma questão de Estado, constitucionalmente tipificadas*.

5.3. A previsão legal de restituição do montante recolhido

Por fim, resta apontar como critério substancial das espécies tributárias a necessidade ou não de a lei instituidora prever a devolução do montante pago pelo particular. Neste caso, o elemento distintivo é menos problemático, pois, em nosso sistema, apenas o *empréstimo compulsório* exige o cumprimento deste requisito.

Aliás, a necessidade de restituição do montante recolhido é inerente ao próprio conteúdo semântico da expressão "empréstimo"[178] colocada no texto da Constituição,[179] razão pela qual se dispensou qualquer determinação mais especificada do termo. De qualquer modo, o critério da restituição do valor arrecadado é de presença obrigatória em uma classificação de tributos que pretenda descrever com o mínimo de fidelidade o material normativo fornecido pela Constituição de 1988. Jamais seria completa a estruturação da norma de competência tributária dos empréstimos compulsórios sem a referência à necessidade de devolução dos valores arrecadados através deste tributo.

Tanto é verdade que do elemento essencial da restituição necessária é possível extrair outras três exigências constitucionais que se apresentam como verdadeiras garantias dos contribuintes.

Em primeiro lugar, o pagamento do empréstimo compulsório gera, de pronto, o direito subjetivo à restituição plena do montante arrecadado.[180] Não há, pois, a possibilidade de lei posterior suprimir o direito à devolução dos valores já pagos. A frustração da expectativa de devolução de valores já recolhidos e a alteração de *status* jurídico individual já bem consolidado, por certo, ofenderiam o disposto no art. 5º, XXXVI, da Constituição Federal, o qual garante a proteção ao direito adquirido.[181]

---

[178] Seja defendendo o sentido meramente vernacular do termo, seja a este atribuindo o significado positivado pelo Direito Privado, o sentido próprio da expressão "empréstimo" invariavelmente denota a noção de restituição do objeto emprestado.

[179] Art. 148, *caput*.

[180] PAULSEN, Leandro. *Direito Tributário – Constituição e Código Tributário à Luz da Doutrina e da Jurisprudência*. 6ª ed. Porto Alegre: Livraria do Advogado, 2004.

[181] Em sentido contrário, no sentido de que o Estado está autorizado a revogar a promessa de restituição, vide MORAES, Bernardo Ribeiro de. *Compêndio de Direito Tributário*, 1º vol: 4ª ed. Rio de Janeiro: Forense, 1995, p. 457.

Em segundo lugar, os contribuintes possuem direito a uma restituição integral dos valores arrecadados, não se admitindo sejam estes devolvidos de maneira depreciada e corrompida pelos efeitos inflacionários.[182] Há, pois, o direito subjetivo a uma restituição plena do montante arrecadado, garantida, assim, a correção monetária completa, contada desde a data do efetivo pagamento do tributo.[183] Dito de outro modo, deve haver uma *identidade quantitativa* entre aquilo que é emprestado e aquilo que é devolvido.

Por fim, o elemento essencial da restituição necessária impõe, ainda, que a devolução seja concretizada através de bens da mesma espécie daquilo que foi tomado do particular em empréstimo. Desse modo, sendo o tributo uma prestação pecuniária, a restituição do empréstimo tributário deverá obrigatoriamente dar-se em dinheiro. Em outras palavras, deve haver uma *identidade qualitativa* entre o que foi emprestado e aquilo que estará sendo devolvido. Aliás, a necessidade de se ter uma restituição em moeda já foi afirmada pelo Supremo Tribunal Federal quando da declaração de inconstitucionalidade do empréstimo compulsório incidente sobre a aquisição de automóveis, cujo resgate deveria ocorrer em quotas do Fundo Nacional de Desen-

---

[182] PAULSEN, Leandro. *Direito Tributário*, op. cit., 2004.
[183] "TRIBUTÁRIO. EMPRÉSTIMO COMPULSÓRIO. CORREÇÃO MONETÁRIA. TERMO INICIAL. LEI Nº 4.357/64, ART. 3º. DL 1.572/76, ART. 2º. I – Na interpretação da lei tributária, não se pode fazer tabula rasa da vedação constitucional ao confisco velado (CF, Art. 150, IV). II – Negar correção monetária a valores arrecadados a título de empréstimo compulsório é utilizar a lei tributária como instrumento de confisco, em desafio à vedação constitucional. III – A conjugação entre o Art. 2º do DL 1.512/76 e o Art. 3º da Lei 4.357/64 disciplina o tratamento contábil reservado aos valores recolhidos pelos consumidores de energia elétrica, a título de empréstimo compulsório. Em homenagem à vedação de confisco velado (CF, Art. 150, IV), tais valores antes de se inscreverem na rubrica 'crédito', devem ser corrigidos monetariamente. Não é lícito ao Estado colocar os créditos do contribuinte ao largo do tempo e da inflação, como se um e outra não existissem." (STJ, 1ª T., REsp 201.102/SC, rel. Min. Humberto Gomes de Barros, DJ 28.02.2000).

volvimento.[184] Cabe referir, ainda, que, no caso do empréstimo compulsório destinado à ELETROBRÁS, o Supremo Tribunal Federal admitiu fosse efetuada a devolução em ações somente porque se tratava de situação excepcional, a qual havia sido expressamente recepcionada pelo § 12 do artigo 34 do ADCT (*A urgência prevista no art. 148, II, não prejudica a cobrança do empréstimo compulsório instituído, em benefício das Centrais Elétricas Brasileiras S.A. (Eletrobrás), pela Lei 4.156, de 28 de novembro de 1962, com as alterações posteriores)*.[185]

---

[184] STF, Plenário, RE nº 121.336/CE, rel. Min. Sepúlveda Pertence, dezembro/1994.

[185] "EMPRÉSTIMO COMPULSÓRIO INSTITUÍDO EM BENEFÍCIO DA ELETROBRÁS(...) ALEGADA OMISSÃO QUANTO À QUESTÃO ALUSIVA À FORMA DE DEVOLUÇÃO DAS PARCELAS. (...) Se a Corte concluiu que a referida disposição transitória preservou a exigibilidade do empréstimo compulsório com toda a legislação que o regia, no momento da entrada em vigor da Carta Federal, evidentemente também acolheu a forma de devolução relativa a esse empréstimo compulsório imposta pela legislação acolhida, que a agravante insiste em afirmar ser inconstitucional." (STF, 1ª T., AGRRE 193798/PR, rel. Min. Ilmar Galvão, dez/1995).

6. Quadro comparativo

Com base nos quatro elementos acima trabalhados, pode ser proposto o seguinte quadro esquemático:

Critérios para definir as espécies tributárias

Espécies Critérios	Impostos	Impostos extraordinários	Taxas	Contribuição de melhoria	Empréstimos compulsórios	Contribuições
Espécie de justiça que move a tributação	Distributiva	Distributiva	Comutativa	Comutativa	Distributiva	Distributiva
Finalidade Constitucional a cargo do Estado	Sem especificidade	Com especificidade	Com especificidade	Sem especificidade	Com especificidade	Com especificidade
Ocorrência de circunstância fática prévia ao exercício da competência	Não	Sim	Não	Não	Sim	Não
Previsão legal da restituição	Ausente	Ausente	Ausente	Ausente	Presente	Ausente

Conclusão

Neste breve estudo, pretendeu-se elaborar uma classificação constitucional de tributos que se escorasse, primordialmente, não nos tipos de bases econômicas que se sujeitam à tributação, mas nos variados modos em que a entidade tributante e o contribuinte podem vir a se relacionar legitimamente sob uma determinada ordem constitucional. Como resultado desta empreitada, as seguintes conclusões foram alcançadas:

1. A atividade de classificação compreende duas atividades centrais; em primeiro lugar, a divisão e/ou combinação ordenada de coisas presentes em determinado ambiente e, em segundo, a "escolha" de padrões básicos que se prestam a realizar esta atividade de ordenação;

2. No que se refere às espécies tributárias, mostra-se inviável adotar-se uma classificação que não parta diretamente do texto constitucional. Por esta razão, rejeitam-se, aqui, as posturas classificatórias idealistas ("que as classificações não estão no mundo fenomênico (no mundo real), mas na mente do homem"), bem como as meramente pragmáticas ("las clasificaciones no son ni verdaderas ni falsas, son servicales o inutiles").

3. Deve-se estruturar uma classificação jurídica que seja, ao mesmo tempo, verdadeira e útil. Esta exigirá uma justificação racional dos critérios classificatórios que a compõem, os quais deverão ser obtidos mediante

a reconstrução de significados mínimos extraídos do texto constitucional e deverão estar aptos a serem compartilhados com os demais integrantes da comunidade científica.

4. É função primordial do aplicador do Direito categorizar racionalmente aqueles elementos normativos introduzidos na realidade de modo não-organizado, agrupando-os de acordo com semelhanças e separando-os com base em diferenças.

5. A atividade de classificação desenvolvida pela doutrina não representa um elemento constitutivo da realidade normativa que pretende categorizar.

6. São os enunciados extraídos de determinado texto constitucional que indicam, em primeira ordem, os dados objetivos que deverão ser trabalhados pelo intérprete do Direito na construção da sua estrutura classificatória, a qual deverá estar habilitada a melhor explicitar o modo real de manifestação daquele contexto jurídico que foi categorizado.

7. Na eleição dos critérios integrantes da estrutura classificatória dos tributos, defende-se a insuficiência da tradicional Teoria do Fato Gerador, tendo em vista que esta se apega invariavelmente a uma compreensão dos modelos tributários em que se perquire apenas acerca das características inerentes ao complexo empírico que se tributa.

8. De acordo com a postura tradicional, questiona-se apenas "o que deve ser tributado?", obtendo-se invariavelmente como resposta ora "uma manifestação econômica do sujeito passivo", ora "uma parcela do custo despendido na atividade estatal vinculada ao contribuinte".

9. Ante a insuficiência da tradicional Teoria do Fato Gerador, buscou-se um critério dotado de maior dimensão, ou seja, que se proponha a abarcar uma faixa mais ampla da realidade e que não se apegue à mera aprecia-

ção do fato indicativo de uma base econômica relacionada ou ao Estado ou ao Contribuinte.

10. Em substituição, elegeu-se, como primeiro critério, aquele que identificasse os diferentes padrões de justiça que movimentam a tributação. Para a formulação desse novo critério, pergunta-se não mais "o que deve ser tributado?", mas questiona-se "qual o tipo de vínculo é formado através da tributação?". Como resposta apresentaram-se as duas espécies de justiça particular que foram trabalhadas primeiramente por Aristóteles, ou seja, a justiça distributiva e a justiça comutativa.

11. No caso da tributação que segue o critério da justiça distributiva, o Estado realiza, através da imposição tributária, a tarefa de distribuir qualitativamente entre os seus cidadãos os encargos que reverterão recursos necessários para a manutenção das funções estatais básicas, bem como para a promoção e concretização de outras finalidades de ordem pública. Há, desse modo, a possibilidade de a tributação ser qualificada proporcionalmente de acordo com características próprias daquele que está sujeito a suportar o encargo tributário. São *tributos distributivos os impostos, os impostos extraordinários, os empréstimos compulsórios e as contribuições.*

12. Já no caso em que se aplica a justiça comutativa, a entidade estatal está autorizada a criar determinados tributos apenas com o intuito de estabelecer com um particular uma relação de troca de bens e encargos. Existem, portanto, exigências tributárias que são justificadas tão-somente na necessidade de a prestação cobrada manter equivalência aritmética com o bem ofertado ao particular pelo Estado. São *tributos comutativos a taxa e a contribuição de melhoria.*

13. Além do critério da justiça que motiva a tributação, outros três foram apresentados na elaboração da classificação constitucional de tributos, aqui proposta. Foram eles: (a) *a finalidade constitucional a ser alcançada*

pelo Estado, (b) a exigência constitucional de circunstância fática prévia ao exercício da competência e (c) a previsão legal de restituição do montante recolhido.

14. Da mesma forma como não é possível imaginar uma ação que não se proponha a nenhum fim, também não há como se pensar na instituição de uma exigência tributária que possa ser compreendida como absolutamente carente de finalidade.

15. Isso significa dizer que toda e qualquer espécie tributária possui minimamente uma finalidade constitucional, mesmo nos casos em que esta não venha consagrada de modo determinado. O que pode, na verdade, vir a diferenciar uma espécie da outra é o grau de objetivação da finalidade que o Constituinte vinculou à instituição de um tributo em particular.

16. Mostra-se correta a qualificação das espécies tributárias de acordo com a finalidade específica ou não-específica. Dizer que um tributo tem sua validação constitucional justificada por uma finalidade não-específica é sim relevante, mesmo enquanto critério negativo de validação constitucional.

17. Não são todos os elementos essenciais das espécies tributárias que se encontram posicionados dentro da própria regra jurídica instituidora do tributo. Isso porque uma leitura atenta do Sistema Tributário Nacional demonstra que a Constituição, em algumas situações, veio a exigir como requisito ao exercício da competência tributária a constatação da ocorrência prévia de determinado evento ou conjunto de eventos.

18. É o caso dos *empréstimos compulsórios e dos impostos extraordinários de guerra*, os quais exige como requisito para o exercício da competência tributária a ocorrência dos seguintes eventos:

• calamidade pública, guerra externa ou a sua iminência e urgente e relevante interesse nacional merecedor de investimento público;

• guerra externa ou sua iminência;

19. Para estes dois tributos, a Constituição prevê uma relação de causalidade estabelecida entre a manifestação de determinadas circunstâncias fáticas (causadora) e a correlata autorização para o exercício da competência tributária (causada).

20. Por fim, apresenta-se o elemento essencial da necessidade de restituição do montante recolhido, o qual se encontra presente apenas no caso dos *empréstimos compulsórios*. Esta exigência constitucional é indicada a partir do próprio conteúdo semântico da expressão "empréstimo".

21. Do elemento essencial da restituição necessária é possível extrair outras três exigências constitucionais que se apresentam como verdadeiras garantias dos contribuintes.

22. O pagamento do empréstimo compulsório gera, de pronto, o direito subjetivo à restituição do montante arrecadado, sem a possibilidade de lei posterior suprimir o direito à devolução dos valores já pagos.

23. Os contribuintes possuem direito a uma restituição integral dos valores arrecadados, não se admitindo sejam estes devolvidos de maneira depreciada e corrompida pelos efeitos inflacionários.

24. A devolução do empréstimo compulsório deve ser concretizada através de bens da mesma espécie daquilo que foi tomado do particular em empréstimo, ou seja, deverá obrigatoriamente dar-se em dinheiro.

25. Seis espécies tributárias autônomas foram reveladas a partir da combinação destas quatro variáveis de classificação, quais sejam: *os impostos, os impostos extraordinários, as taxa, as contribuições de melhoria, os empréstimos compulsórios e as contribuições*.

Tabela de precedentes jurisprudenciais

Órgão	Nº do processo	Relator	Data do julgamento	Assunto
STF	RE-121336/CE	Min. Sepúlveda Pertence	Outubro/1990	Empréstimo compulsório sobre aquisição de veículo automotor
STF	RE-175385/SC	Min. Marco Aurélio	Dezembro/1994	Empréstimo compulsório sobre aquisição de combustíveis
STF	RE-146615/PE	Min. Maurício Corrêa	Abril/1995	Empréstimo compulsório destinado à Eletrobrás
STJ	REsp 201.102/SC	Min. Humberto Gomes de Barros	Fevereiro/2000	Devolução integral do Empréstimo compulsório destinado à Eletrobrás
STF	AGRRE 193798/PR	Min. Ilmar Galvão	Dezembro/1995	Devolução em ações do Empréstimo compulsório destinado à Eletrobrás
STF	RE 265.721/SP	Min. Sepúlveda Pertence	Abril/2000	Adicional de Tarifa Portuária
STF	RE 218.061-5/SP	Min. Carlos Velloso	Março/1999	Adicional de Tarifa Portuária

Órgão	Nº do processo	Relator	Data do julgamento	Assunto
STJ	REsp 172.898	Min. José Delgado	Agosto/1998	Contribuição de categoria profissional
STF	RE 183.906-6	Min. Marco Aurélio	Abril/98	ICMS vinculado à finalidade
STJ	Súmula 125	****	Dezembro/1994	Imposto de renda sobre férias indenizadas
STJ	Súmula 136	****	Maio/1995	Imposto de renda sobre licença-prêmio indenizada
STJ	Súmula 215	****	Dezembro/1998	Imposto de renda em programa de demissão voluntária
STF	RE 138.284-CE	Min. Carlos Velloso	Julho/1992	Classificação constitucional de tributos
STF	RE 177835-1/PE	Min. Carlos Velloso	Abril/99	Taxa da CVM
STF	ADIn 3128 - DF	Min. Cezar Peluso	Fevereiro/2005	Contribuição social sobre proventos e pensões

Referência bibliográfica

ABBAGNANO, Nicola. *Dicionário de Filosofia*. São Paulo: Martins Fontes, 2000.

AMARO, Luciano. *Direito Tributário Brasileiro*. 2ª ed. São Paulo: Saraiva, 1998.

AQUINO, Tomás de. *Verdade e Conhecimento*. São Paulo: Martins Fontes, 2002.

———; BAUMGARTH, William; REGAN, Richard (editores). *On Law, Morality and Politics*. Estados Unidos da América: Hackett Publishing Company, 1988.

———; LITIZINGER, C. I. (trad.). *Commentary on Aristotle's Nicomachean Ethics*. Estados Unidos da América: Dumb Ox Books, 1993.

ARISTÓTELES. *Ética a Nicômacos*. 4ª ed. Brasília: UnB, 2001.

———; BARNES, Jonathan (editor). *The Complete Works of Aristotle*, Vols. I & II. Estados Unidos da América: Princeton University Press, 1995.

———. *Nicomachean ethics*. Grã-Bretanha: Wordsworth Classics of World Literature, 1996.

———. *Metafísica*. Espanha: Editorial Oceano, 2002.

ATALIBA, Geraldo. *Hipótese de Incidência Tributária*. 6ª ed. São Paulo: Malheiros, 2002.

ÁVILA, Humberto. Contribuições na Constituição Federal de 1988. In: MACHADO, Hugo de Brito (org.). *As contribuições no Sistema Tributário Nacional*. São Paulo: Dialética, 2003.

———. *Teoria dos Princípios – da definição à aplicação dos princípios jurídicos*. São Paulo: Editora Malheiros, 2003.

———. A distinção entre princípios e regras e a redefinição do dever de proporcionalidade. *Revista de Direito Administrativo*. v. 215, Rio de Janeiro, p.151 - 179, 1999.

———. *Argumentação Jurídica e a Imunidade do Livro Eletrônico*. Revista da Faculdade de Direito da UFRGS, Porto Alegre: v. 19, Março/2001.

———. *Sistema Constitucional Tributário*. São Paulo: Saraiva, 2004.

BALEEIRO, Aliomar. *Uma Introdução à Ciência das Finanças*. 15ª ed. Rio de Janeiro: Forense, 1997.

———. *Direito Tributário Brasileiro*. 11ª ed. Rio de Janeiro: Forense, 1999.

BARNES, Jonathan. *The Cambridge Companion to Aristotle*. Estados Unidos da América: Cambridge University Press, 1995.

BARRETO, Aires. *Base de Cálculo, Alíquota e Princípios Constitucionais*. 2ª ed. São Paulo: Max Limonad, 1998.

BARZOTTO, Luis Fernando. *O Positivismo Jurídico Contemporâneo: Uma introdução a Kelsen, Ross; Hart*. São Leopoldo/RS, Unisinos, 1999.

———. *Justiça Social – Gênese, Estrutura e Aplicação de um conceito*. In Revista da Procuradoria do Município de Porto Alegre, nº 17, 2003, p. 17/56.

BECKER, Alfredo Augusto. *Teoria Geral do Direito Tributário*. 3ª ed. São Paulo: Lejus, 1998.

BERTI, Enrico. *As razões de Aristóteles*. 2ª ed. São Paulo: Loyola, 2002.

BRASIL, República Federativa do, *Constituição da República Federativa do Brasil – 1946-1967-1969-1988 – Quadro Comparativo*. Brasília: Subsecretaria de Edições Técnicas do Senado Federal, 1996.

CARRAZZA, Roque Antonio. *Curso de direito constitucional tributário*. 9ª ed. São Paulo: Malheiros, 1997.

———. *Considerações Acerca da Taxa de Classificação de Produtos Vegetais*. São Paulo: Revista Dialética de Direito Tributário nº 27, janeiro/98.

CARRIÓ, Genaro R. *Notas sobre Derecho y Lenguaje*. 4ª ed. Argentina: Albeledo-Perrot, 1994.

CARVALHO, Paulo de Barro. *Curso de Direito Tributário*. 13ª ed. São Paulo: Malheiros, 2000;

———. *IPI – Comentários sobre as Regras Gerais de Interpretação da Tabela NBM/SH (TIPI/TAB)*. Revista Dialética de Direito Tributário nº 12, São Paulo, 1996.

———. *Base de Cálculo como Fato Jurídico e a Taxa de Classificação de Produtos Vegetais*. Revista Dialética de Direito Tributário nº 37, São Paulo, 1998.

COELHO, Sacha Calmon Navarro. *Comentários à Constituição de 1988*. 5ª ed. Rio de Janeiro: Forense, 1993;

------. *Curso de Direito Tributário Brasileiro*. 3ª ed. Rio de Janeiro: Forense, 1999.

DERZI, Misabel Abreu Machado. Contribuições. *Revista de Direito Tributário* nº 48. São Paulo, Junho de 1989.

------. *Os Conceitos de Renda e de Patrimônio*. Belo Horizonte: Del Rey, 1992.

FALCÃO, Amílcar de Araújo. *Fato Gerador da Obrigação Tributária*. 6ª ed.Rio de Janeiro: Forense, 1999.

FERRAZ, Roberto. *Da Hipótese ao Pressuposto de Incidência – em busca do Tributo Justo, in Direito Tributário – Homenagem a Alcides Jorge Costa*. São Paulo: Quartier Latin, vol. I, 2003.

------. Pressupostos de Imposição das CIDEs – Critérios Constitucionais de Validade para a Instituição das CIDEs. *Revista de Estudos Tributários* nº 34/134, São Paulo, dez/2003.

FERRAZ JUNIOR, Tércio Sampaio. *Introdução ao Estudo do Direito – Técnica, Decisão e Dominação*. 3ª ed. São Paulo: Altas, 2001;

------. *Estudos de Filosofia do Direito – Reflexões sobre o Poder, a Liberdade, a Justiça e o Direito*. São Paulo: Altas, 2002.

FERREIRA NETO, Arthur Maria; PAULSEN, Leandro. A Nova Contribuição de Inativos e Pensionistas. *Revista Dialética de Direito Tributário* nº 106, São Paulo, julho/2004.

FINNIS, John. *Natural Law and Natural Rights*. Reino Unido: Oxford University Press, 2000.

------. *Natural Law and Legal Reasoning, in GEORGE, Robert P. (Ed.), Natural Law Theory – Contempory essays:* Estados Unidos da América, Oxford University Press, 1994.

GRAU, Eros Roberto. *Ensaio e Discurso sobre a Interpretação/Aplicação do Direito*. Malheiros, 2002.

GRECO, Marco Aurélio. *Contribuições (uma figura "sui generis")*. São Paulo: Dialética, 2000.

------(coord.). *Contribuições de Intervenção no Domínio Econômico e Figuras Afins*. São Paulo: Editora Dialética, 2001.

HÖFFE, Otfried. *Justiça Política*. 2ª ed. São Paulo: Martins Fontes, 2001.

JARACH, Dino. *O fato Imponível – Teoria Geral do Direito Tributário Substantivo*. São Paulo: Revista dos Tribunais, 1989.

KELSEN, Hans. *Teoria Pura do Direito:* São Paulo, Martins Fontes, 2000.

------. *Teoria Geral das Normas*. Porto Alegre: Sergio Antonio Fabris, 1986.

------. *O que é a Justiça?* São Paulo: Martins Fontes, 2001.

KUHN, Thomas S. *The Structure of Scientific Revolutions*. 2ª ed. Estados Unidos da América: University of Chicago Press, 1970.

LAPATZA, José Juan Ferreiro. *Curso de Derecho Financiero Español* (vol. III). 22ª ed. Espanha: Marcial Pons, 2000.

MACHADO, Hugo de Brito. *Curso de Direito Tributário*. 19ª ed. São Paulo: Malheiros, 2001.

———. Âmbito constitucional e fato gerador do tributo. Imposto de renda, contribuição sobre o lucro e Cofins. Indenização por perdas e danos materiais. Hipótese de não-incidência. *Revista Dialética de Direito Tributário* nº 53, São Paulo, fevereiro de 2000.

MACINTYRE, Alasdair. *After virtue*. 2ª ed. Estados Unidos da América: University of Notre Dame, 1984.

———. *Whose Justice? Which Racionality?*: Estados Unidos da América: University of Notre Dame, 1988.

MARITAIN, Jacques. *Introdução Geral à Filosofia*. 18ª ed. Rio de Janeiro: Agir, 1994.

———. *Sete Lições sobre o Ser*. 2ª ed. São Paulo: Loyola, 2001.

MARQUES, Márcio Severo. *Classificação Constitucional dos Tributos*. São Paulo: Max Limonad, 2000.

MARTINS, Ives Gandra da Silva (org). *Contribuições de Intervenção no Domínio Econômico*. São Paulo: Revista dos Tribunais, 2002.

MELO, José Eduardo Soares de. *Contribuições Sociais no Sistema Tributário*. 3ª ed. São Paulo: Malheiros, 2000.

MORAES, Bernardo Ribeiro de. *Compêndio de Direito Tributário*, 1º vol. 4ª ed. Rio de Janeiro: Forense, 1995.

MURPHY, Liam; NAGEL, Thomas. *The Myth of Ownership – Taxes and Justice*. Oxford University Press, 2002.

NUSDEO, Fabio. *A Contribuição de Melhoria Revisitada: uma Revisão e uma proposta, in Direito Tributário – Homenagem a Alcides Jorge Costa*. São Paulo: Quartier Latin, vol. II, 2003.

PAULSEN, Leandro. *Direito Tributário – Constituição e Código Tributário à Luz da Doutrina e da Jurisprudência*. 6ª ed. Porto Alegre: Livraria do Advogado, 2004.

———. As Contribuições no Sistema Tributário Brasileiro. In: MACHADO, Hugo de Brito (org.). *As contribuições no Sistema Tributário Nacional*. São Paulo: Dialética, 2003.

PERAGÓN, José Manuel Gallego. *Los principios materiales de justicia tributaria*. Espanha: Comares, 2003.

PEREIRA FILHO, Luiz Alberto. *As taxas no Sistema Tributário Brasileiro*. Curitiba: Juruá, 2002.

PIMENTA, Paulo Roberto Lyrio. *Contribuições de Intervenção no Domínio Econômico*. São Paulo: Dialética, 2002.

RAWLS, John. *A Theory of Justice*. Estados Unidos da América: Harvard University Press, 2001.

REALI, Giovanni, *Aristóteles*. Portugal: Edições 70, 1997.

———. *Saber dos antigos – Terapia para os tempos atuais*. São Paulo: Edições Loyola, 1999.

ROSA JR, Luiz Emygdio F. da. *Manual de Direito Financeiro e Direito Tributário à luz da nova Constituição*. 8ª ed. São Paulo: Renovar.

SAMARANCH, Francisco. *Cuatro ensayos sobre Aristóteles: política, ética y metafísica*. Madrid: Fondo de Cultura Econômica, 1991.

SANTI, Eurico Marcos Diniz de. *As Classificações no Sistema Tributário Brasileiro*. In Justiça Tributária. São Paulo: Max Limonad, 1998.

SCHMITT, Carl. *Teoria de la Constituicion*. Espanha: Alianza Editorial, 2001.

———. Sobre os três tipos de pensamento jurídico. In MACEDO JR, Ronaldo Porto. *Carl Schmitt e a fundamentação do Direito*. São Paulo: Max Limonad, 2001.

SEIXAS FILHO, Aurélio Pitanga. Tributo – Conceito e Classificação, in *Direito Tributário – Homenagem a Alcides Jorge Costa*. vol. I, São Paulo: Quartier Latin, 2003.

SOUZA, Ricardo Conceição. *Regime Jurídico das Contribuições*. São Paulo: Dialética, 2002.

TIPKE, Klaus. *Moral Tributaria del Estado y de los contribuyentes*. Espanha: Marcialpons, 2002.

———; YAMASHITA, Douglas. *Justiça Fiscal e o Princípio da Capacidade Contributiva*. São Paulo: Malheiros, 2002.

TOMÉ, Fabiana del Padre. *Contribuições para a Seguridade Social à Luz da Constituição Federal*. Curitiba: Editora Juruá, 2002.

TORRES, Ricardo Lobo. *Curso de Direito Financeiro e Tributário*. 11ª ed. Rio de Janeiro: Renovar, 2004;

———. *Ética e Justiça Tributária*. In SCHOUERI, Luis Eduardo; ZILVETI, Fernando Aurélio (coords.). *Direito Tributário – Estudos em homenagem a Brandão de Machado*. São Paulo: Dialética, 1998.

UGATTI, Uendel Domingues. *O princípio Constitucional da Contrapartida na Seguridade Social*. São Paulo: LTr, 2003.

VILLEY, Michel. *Filosofia do Direito*. São Paulo: Martins Fontes, 2003.

Impressão:
Evangraf
Rua Waldomiro Schapke, 77 - P. Alegre, RS
Fone: (51) 3336.2466 - Fax: (51) 3336.0422
E-mail: evangraf.adm@terra.com.br